100 EASY UKRAINIAN TEXTS
Ukrainian Language Reader For Beginners

With Audio And Exercises

Yuliia Pozniak

www.ukrainianpro.com
ISBN 978-3-9824581-0-6

ЗМІСТ
CONTENTS

ABOUT THIS BOOK

- This reader is for beginners (A1-A2 levels).
- With this book, you can listen to the easy texts (audio is here: www.ukrainianpro.com/100audio) and learn Ukrainian.
- Practice the most useful words in the different contexts.
- Repetition of the words contributes to better memorization.
- Each text has a detailed vocabulary. It's recommended that you first review the vocabulary at the beginning of each chapter. The words you find there will frequently be repeated in the next ten texts. The rest of the new words are listed in the vocabulary next to each text. Each part starts with the easiest text and ends with the most difficult.

Abbreviations used in this book:

m - masculine gender
f - feminine gender
n - neutral gender
pl - plural

Access audio for each text here: www.ukrainianpro.com/100audio

РОЗДІЛ 1: Я І МОЯ РОДИНА
MY FAMILY AND I

Слова
Words

ім'я́	name
прі́звище	surname
сім'я́ = роди́на	family
ма́ти (ма́ма)	mother (mom)
ба́тько (та́то)	father (dad)
батьки́	parents
брат	brother
сестра́	sister
діду́сь (дід)	grandfather
бабу́ся (ба́ба)	grandmother
ті́тка	aunt
дя́дько	uncle
дружи́на	wife
чолові́к	husband
син	son
дочка́	daughter
друг	friend, m
по́друга	friend, f
дру́зі	friends
вели́кий	big
мале́нький	little
вели́ка роди́на	big family
мале́нька роди́на	little family
дити́на	child
ді́ти	children

Речення	Sentences
Я – Марі́я.	I am Maria.
Мене́ зва́ти Марі́я.	My name is Maria.
Моє́ ім'я́ Марі́я.	My name is Maria.
Я – Павло́.	I am Pavlo.
Мене́ зва́ти Павло́.	My name is Pavlo.
Моє́ ім'я́ Павло́.	My name is Pavlo.
Моє́ прі́звище Петре́нко.	My surname is Petrenko.
Як тебе́ зва́ти?	What's your name?
Зві́дки ти?	Where are you from?
Я з Украї́ни.	I'm from Ukraine.
Скі́льки тобі́ ро́ків?	How old are you?
Мені́ два́дцять (20) ро́ків.	I'm 20 years old.
У ме́не є ма́ма.	I have a mom.
У ме́не є та́то.	I have a dad.
У ме́не є брат.	I have a brother.
У ме́не є сестра́.	I have a sister.
У ме́не є дру́зі.	I have friends.

Тексти

1.1 Привíт!

Менé звáти А́лла. На цьóму фóто – моя́ родúна. Це моя́ мáти Полíна, це мíй бáтько Вітáлій, це мíй стáрший брат Славкó, це моя́ стáрша сестрá Марíя, це моя́ молóдша сестрá Оксáна. Це мíй дідýсь Андрíй Данúлович, це моя́ бабýся Дарúна Івáнівна, це моя́ тíтка Христúна, це мíй дя́дько Микóла. У мéне велúка родúна!

це	this (is)
на цьому	on this
фото	photo
старший брат	older brother
молодший брат	younger brother
старша сестра	older sister
молодша сестра	younger sister
цей чоловік	this man
ця жінка	this woman
це фото	this photo
ці діти	these children
Це чоловік.	This is a man.
Це жінка.	This is a woman.
Це фото.	This is a photo.
Це діти.	These are children.

1.2 Привіт!

Мене́ зва́ти Га́нна. Я з Украї́ни. Моє́ рі́дне мі́сто – Лу́цьк. А це – моя́ роди́на. Це мі́й ба́тько Олексі́й Володи́мирович, це моя́ ма́ти Гали́на Петрі́вна, це моя́ сестра́ Софі́я, а це мі́й брат Богда́н. Ще в нас є пес Рекс та кі́шка Му́рка. Я люблю́ свою́ роди́ну.

рідне місто	native city
пес	dog
кішка	cat
я люблю	I love
любити	to love

1.3 До́брий день!

Я – Володи́мир. Я живу́ в Украї́ні, в мі́сті Ки́єві. У ме́не вели́ка сім'я́. У ме́не є дружи́на Оле́на та тро́є діте́й. Ста́ршого си́на зва́ти Оле́г, моло́дшого си́на – І́гор, а доньку́ – Тетя́на. Мої́ батьки́ живу́ть по́ряд з на́ми і ми ча́сто ба́чимося. Мого́ та́та зва́ти Петро́ Олексі́йович, а ма́му – Лі́дія Григо́рівна. Моя́ дружи́на з Росі́ї, її батьки́ живу́ть дале́ко від нас, але ми ча́сто спілку́ємося з ни́ми по "Ска́йпу".

я живу	I live
жити	to live
місто	city
в мене є	I have
сім'я = родина	family
поряд	near
далеко від	far from
часто	often
бачитися	to see each other
спілкуватися	to communicate

1.4 Віта́ю!

Мене́ зва́ти Ната́ля, я з Украї́ни, з мі́ста Оде́са. Це мі́сто знахо́диться бíля мо́ря. Я ду́же люблю́ мо́ре. Вся моя́ роди́на живе́ тут. У ме́не є ба́тько, ма́ти, дві сестри́, брат, бабу́ся та діду́сь і ті́тка. Мій ба́тько – моря́к, моя́ ма́ти – економі́ст. Моя́ ста́рша сестра́ вчи́ться в університе́ті. Вона́ бу́де лі́карем. Моя́ моло́дша сестра́ ще вчи́ться в шко́лі. Бабу́ся та діду́сь – пенсіоне́ри. Моя́ ті́тка ма́є вла́сну крамни́цю соло́дощів. Я вчу́ся в лінгвісти́чному університе́ті. А чим Ви займа́єтеся?

знаходитися	to be located
біля моря	near the sea
море	sea
весь/вся/все/всі	all (m/f/n/pl)
моряк	sailor
економіст	economist
вчитися	to study
університет	university
вона буде	she will be
лікар	doctor
школа	school
пенсіонер	pensioner
я маю	I have
мати	to have
власний	own
крамниця солодощів	candy shop
займатися	to do, to engage in

1.5 Доброго ранку!

Як справи? Мене звати Павло, я архітектор. В мене невелика, але дружна родина. Мою дружину звати Катерина. Вона – художниця. В нас є син Дмитро. Йому чотири (4) роки. Він ходить в дитячий садок. Я дуже люблю свою родину. Влітку ми поїдемо відпочивати на море до Одеси. В нас там живуть родичі. Вони завжди* раді нас бачити.

архітектор	architect
невелик**ий**/а/е/і	little, not big (m/f/n/pl)
дружн**ий**/а/е/і	friendly (m/f/n/pl)
художник/художниця	artist (m/f)
ходити	to walk, to go, to visit
дитячий садок	kindergarten
дуже	very
влітку	in summer
ми поїдемо	we will go
їхати, їздити	to go, to drive
відпочивати	to relax, to rest
родичі	relatives
радий	glad
бачити	to see

* For the words також (also), завжди (always) the both variants of accentuation are correct.

1.6 Дóбрий вéчір!

Моє́ ім'я́ Олексáндр. Моє́ прíзвище Короле́нко. Я — водíй автóбуса. Я дýже люблю́ свою́ робóту. Моя́ дружи́на Мари́на — вчи́тель в шкóлі. Вонá викладáє матемáтику. Їй теж подóбається її робóта, бо вонá любить дітéй. Нáша дочкá Iри́на вчи́ться в цій шкóлі в дрýгому клáсі. На вихідни́х ми зазвичáй хóдимо в музéй чи в теáтр, а відпýстку нам подóбається провóдити у Львóві.

ім'я	name
прізвище	surname
водій автобуса	bus driver
робота	work, job
вчитель в школі	teacher at school
викладати	to teach
математика	math
їй подобається	she likes
діти	children
другий клас	second grade
на вихідних	on the weekend
зазвичай	usually
ходити	to walk, to go
музей	museum
театр	theater
відпустка	vacation
проводити	to spend
проводити час	to spend time

1.7 Всім приві́т!

Мене́ зва́ти Мико́ла, мені́ п'ятна́дцять (15) ро́ків. Я з України, з мі́ста Су́ми. Я навча́юся в шко́лі та займа́юся спо́ртом. У ме́не вели́ка роди́на: ма́ма, та́то, дві бабу́сі, діду́сь, ті́тка та дя́дько, брат, дві сестри́. Мої́ батьки́ — — підприє́мці. Вони́ займа́ються пошиття́м та ремо́нтом о́дягу. Моя́ ті́тка — модельє́р, мій дя́дько — водій. Ми з брата́ми та се́страми допомага́ємо батька́м з бі́знесом. Мої́ се́стри слідку́ють за мо́дою та пропону́ють ціка́ві моде́лі о́дягу, брат шука́є нові́ ткани́ни, а я займа́юся рекла́мою. Нам подо́бається допомага́ти батька́м.

я навчаюся	I study
навчатися	to study
займатися спортом	to do sport, to play sport
підприємець=бізнесмен	businessman
пошиття	sewing
шити	to sew
ремонт	repair
одяг	clothes
модельєр	designer, stylist
водій	driver
допомагати	to help
слідкувати	to keep an eye on
пропонувати	to offer
шукати	to search, to look for
нов**ий**/а/е/і	new (m/f/n/pl)
тканина	cloth, fabric
реклама	advertising

1.8 Вітáю!

Менé звáти Соломíя. Я живý в Украї́ні. Мій бáтько Яков —
— поля́к, він лíкар. Моя́ мáти Лíлія — украї́нка, вонá
журналíстка. Я — студéнтка університéту. Ще у мéне є
молóдша сестрá Марíя та стáрший брат Богдáн. Ми дýже
лю́бимо тварúн. У нас є два котú, пес та папýга. Захóдьте
до нас в гóсті!

поляк	Pole, m.
полячка	Pole, f.
українець	Ukrainian, m.
українка	Ukrainian, f.
тварини	animals
папуга	parrot
заходьте	come in (imperative)

1.9 Добрий день!

Я — Віталій із Запоріжжя. У мене велика та дружна родина. Ми живемо у великому будинку за містом. Я працюю в центрі, тому я їжджу на машині на роботу. Моя молодша дочка Аліна навчається в школі, а старша дочка Ганна вже працює. Мій син Денис — студент. Він навчається в іншому місті.

в центрі	in the center
центр	center
їхати, їздити	to drive, to go
на машині	by car
машина	car
робота	work
вже	already
навчатися	to study
інше місто	another city
інший день	another day
інша машина	another car
інше вікно	another window
інші будинки	other houses

1.10 Приві́т!

Мене́ зва́ти Іва́н, мені́ два́дцять сім (27) ро́ків. Я украї́нець. Я живу́ в Кана́ді. Я — програмі́ст. У ме́не є вели́ка сім'я́. Моя́ дружи́на Катери́на — переклада́ч. Мій моло́дший син Пі́тер хо́дить до шко́ли, а мій ста́рший син Ро́берт вивча́є лінгві́стику в університе́ті. Мої́ батьки́ живу́ть в Украї́ні. Ми ча́сто гово́римо по "Ска́йпу", а влі́тку вони́ приї́дуть до нас в го́сті. Батьки́ за́вжди́ розповіда́ють нам про своє́ життя́ та про пла́ни на майбу́тнє.

програміст	programmer
перекладач	translator, interpreter
ходити до школи	to go to school
вивчати	to study, to learn
говорити по "Скайпу"	to speak on "Skype"
влітку	in summer
приїдуть до нас в гості	will come to visit us
вони розповідають	they tell
розповідати	to tell
про своє життя	about their life
плани на майбутнє	plans for the future

Pronouns in use

У ме́не є сім'я́.	I have a family.
У те́бе є брат.	You have a brother.
У ньо́го є ба́тько.	He has a father.
У не́ї є сестра́.	She has a sister.
У нас є дім.	We have a house.
У них є дочка́.	They have a daughter.
У вас є ро́дичі.	You have relatives.
Що в те́бе є?	What do you have?

мій ба́тько	my father
моя́ дочка́	my daughter
моє́ життя́	my life
мої́ пла́ни	my plans

твій брат	your brother
твоя́ сім'я́	your family
твоє́ пальто́	your coat
твої́ ро́дичі	your relatives

його́ брат	his brother
його́ сестра́	his sister
його́ вікно́	his window
його́ се́стри	his sisters

її óдяг   her clothes
її ім'я́   her name
її пальтó   her coat
її брати́   her brothers

наш буди́нок our house
нáша маши́на our car
нáше вікнó   our window
нáші маши́ни our cars

ваш автóбус   your bus
вáша роди́на   your family
вáше мі́сто   your city
вáші батьки́   your parents

їхній дім   their home
їхня робóта   their work
їхнє життя́   their lives
їхні ре́чі   their things

Answer the questions:

1. Як тебе́ зва́ти?
2. Скі́льки тобі́ ро́ків?
3. У те́бе є роди́на?
4. Яка́ у те́бе роди́на: вели́ка чи мале́нька?
5. У те́бе є брати́ чи се́стри?
6. Де ти живе́ш?
7. Зві́дки ти?
8. Де ти працю́єш?
9. Де ти вчи́шся?
10. У те́бе є твари́ни?

🎧 **Audio** for these and other questions from this book:
www.ukrainianpro.com/workbook-audio

Exercises

1. Insert the correct form of the possessive pronoun "my": мій? моя? моє? мої?

1. ____________ мі́сто
2. ____________ роди́на
3. ____________ ба́тько
4. ____________ сестра́
5. ____________ кі́шка
6. ____________ пес
7. ____________ ма́ти
8. ____________ ім'я́
9. ____________ друг
10. ____________ по́друга

2. Insert the correct form of the verbs "жити" and "любити" into the Present Tense:

жи́ти (Present Tense)

я живу́	ми живе́мо
ти живе́ш	ви живе́те
він/ вона живе́	вони живу́ть

1. — Де ти ____________? — Я ____________ в Ки́єві.
2. Він ____________ у Льво́ві.
3. Ми ____________ по́ряд з метро́.
4. Вони́ ____________ в Украї́ні.
5. Де Ви ____________?

люби́ти (Present Tense)

я люблю́   ми лю́бимо
ти лю́биш   ви лю́бите
він/вона лю́бить   вони лю́блять

6. Чи ______________ Ви мо́ре?
7. Я дуже ______________ со́лодощі.
8. Що ти ______________ роби́ти?
9. Він ______________ ма́му.
10. Ми ______________ вчи́тися.

3. Complete the sentences. Sometimes more than one variant is possible.

1. Я живу́...   а) ... в шко́лі.
2. Я вчу́ся...   б) ... в теа́трі.
3. Я купу́ю...   в) ... в університе́ті.
4. Я відпочива́ю...   г) ... в мі́сті.
5. Я працю́ю...   ґ) .... в крамни́ці.

РОЗДІЛ 2: МОЇ РЕЧІ
MY THINGS

Слова	Words
кни́га	book
газе́та	newspaper
журна́л	magazine
словни́к	dictionary
телефо́н	phone
мобі́льний телефо́н	cellphone
фотоапара́т	photo camera
ключі́	keys
гамане́ць	wallet
гро́ші	money
комп'ю́тер	computer
ноутбу́к	laptop
планше́т	tablet
зо́шит	notebook
ру́чка	pen
олівс́ць	pencil
докуме́нти	documents
окуля́ри	glasses
су́мка	bag
валі́за	suitcase
рюкза́к	backpack
па́спорт	passport
ча́шка	cup
фотогра́фія (фо́то)	photography (photo)
адре́са	address
но́мер телефо́ну	phone number
електро́нна по́шта	Email

Кольори

бı́лий	white
чо́рний	black
сı́рий	gray
корı́чневий	brown
черво́ний	red
помара́нчевий	orange
ора́нжевий	orange (synonyme)
жо́втий	yellow
зеле́ний	green
блакı́тний	light blue
сı́ній	blue
фіоле́товий	violet
роже́вий	pink
свı́тло-черво́ний	light red
те́мно-черво́ний	dark red

Тексти

2.1 Ре́чення: У ме́не є ціка́ва кни́га. У ме́не є жо́вта ча́шка. У ме́не є важка́ валі́за. У ме́не є кольоро́ві олівці́. У ме́не є чо́рний шкіряни́й гамане́ць. У ме́не є фо́то мое́ї роди́ни. У ме́не є його́ но́мер телефо́ну. У ме́не є її адре́са. У ме́не є чо́рна ру́чка. У ме́не є товсти́й зо́шит. У ме́не є вели́кий рюкза́к.

цікав**ий**/а/е/і	interesting (m/f/n/pl)
важк**ий**/а/е/і	heavy (m/f/n/pl)
кольорові олівці	colored pencils
шкірян**ий**/а/е/і	made of leather (m/f/n/pl)
товст**ий**/а/е/і	thick (m/f/n/pl)
велик**ий**/а/е/і	big (m/f/n/pl)

2.2 Це мій рюкза́к. Він чо́рний. В ньо́му є все, що мені́ потрі́бно в університе́ті: мої́ зо́шити, кни́ги та ру́чка. Мої́ ключі́ та гамане́ць та́ко́ж лежа́ть в рюкзаку́. Мобі́льний телефо́н я ношу́ в кише́ні. Зазвича́й, я ще ношу́ з собо́ю ноутбу́к, але сього́дні я зали́шив його́ вдо́ма.

також	also
я ношу	I wear
носити	to wear
вони лежать	they lie
лежати	to lie
зазвичай	usually
з собою	with me
я залишив	I left
залишати	to leave

2.3 Сього́дні я йду́ в магази́н купува́ти де́які необхі́дні ре́чі. Перш за все я плану́ю купи́ти канцтова́ри: олівці́, ру́чки та зо́шити. Мені́ потрі́бні кольоро́ві олівці́ та ще кі́лька прости́х олівці́в. Та́ко́ж мені́ потрі́бно бага́то товсти́х зо́шитів та кі́лька тонки́х зо́шитів. Ще я сього́дні хо́чу зайти́ в магази́н по́суду та купи́ти нові́ ча́шки, бо вчо́ра я розби́в свою́ оста́нню ці́лу ча́шку.

сьогодні	today
вчора	yesterday
йти	to go
купувати/ купити	to buy
деякі	some
необхідні	necessary
перш за все	first of all
мені потрібні	I need
кольорові олівці	colored pencils
простий олівець	simple pencil
багато	many, a lot of
товстий	thick
тонкий	thin
посуд	dinnerware
магазин посуду	kitchenware shop
я розбив	I broke
розбивати/ розбити	to break
останній	last
цілий	whole, intact

2.4 Мій улю́блений ко́лір — зеле́ний. Тому́ ма́йже всі мої ре́чі — зеле́ні. У ме́не зеле́ний телефо́н та ноутбу́к, зеле́на ча́шка та зеле́на валі́за. Я ношу́ зеле́ний о́дяг та нещода́вно купи́в собі́ зеле́ний гамане́ць. У ме́не є черво́ний светр, але́ я його́ не ношу́. Моя́ улю́блена пора́ ро́ку — лі́то, тому́ що влі́тку в Украї́ні все зеле́не.

улюблений колір	favorite color
майже	almost
нещодавно	recently
купив	I bought
купувати	to buy
светр	sweater
пора року	season
літо	summer
все зелене	everything is green

2.5 Привíт! Менé звáти Лéся. Моя адрéса: Украї́на, мíсто Ки́їв, бульвáр Лéсі Украї́нки, буди́нок 16, варти́ра 11. Мій нóмер телефóну: 0503442781, моя́ електрóнна адрéса: lesia@gmail.com.

Привíт! Менé звáти Степáн. Моя́ адрéса: Украї́на, мíсто Львíв, ву́лиця Степáна Бандéри, буди́нок 174, кварти́ра 4. Мій нóмер телефóну: 0637772155.

Привíт! Я – Микóла. Моя́ адрéса: Украї́на, мíсто Хáркiв, ву́лиця Чайкóвська, буди́нок 37, кварти́ра 56. Мій нóмер телефóну: 0938456328

(All the names, addresses, numbers and emails are fictitious.)

мíсто	city
бульвар	boulevard
вулиця	street
будинок	house
квартира	apartment
@ собачка	@ at sign
. крапка	. dot

Цифри

0   нуль
1   оди́н
2   два
3   три
4   чоти́ри
5   п'ять
6   шість
7   сім
8   вїсім
9   де́в'ять

2.6 Вчо́ра я загуби́в свої окуля́ри. Без них я не мо́жу чита́ти. Я шука́в їх скрізь: на столі́, у ша́фі, на підвіко́нні і на́віть в туале́ті. Я шука́в їх у вели́кій си́ній су́мці та в мале́нькому черво́ному рюкзаку́. Але́ їх ніде́ не було́. Тоді́ я ра́птом подиви́вся в дзе́ркало — вони́ були́ в ме́не на голові́!

я загубив	I lost
губити/ загубити	to lose
я не можу	I can not
я шукав	I was looking for
шукати	to look for
скрізь	everywhere
на столі	on the table
у шафі	in the cabinet (wardrobe)
на підвіконні	on the windowsill
в туалеті	in the toilet
ніде не було	was nowhere
раптом	suddenly
я подивився	I looked
дивитися/ подивитися	to look
дзеркало	mirror
голова	head
на голові	on the head

2.7 Я за́вжди́ ношу́ з собо́ю ключі́, докуме́нти, гро́ші та телефо́н. Ключі́ лежа́ть в ме́не в кише́ні джи́нсів, докуме́нти я ношу́ в кише́ні ку́ртки. Там та́ко́ж лежи́ть мій мобі́льний телефо́н. Гро́ші та картки́ я ношу́ в гаманці́. Я люблю́, щоб мої́ ре́чі лежа́ли на свої́х місця́х. Мені́ не подо́бається губи́ти мої́ речі, особли́во гамане́ць.

завжди	always
лежать	they lie
лежати	to lie
в кишені	in the pocket
джинси	jeans
куртка	jacket
на своїх місцях	in their places
мені не подобається	I do not like
мені подобається	I like
губити	to lose
особливо	especially

лежати- to lie (the present tense)

я лежу	ми лежимо
ти лежиш	ви лежите
він/вона лежить	вони лежать

2.8 Ско́ро Нови́й рік і сього́дні я ходи́ла за подару́нками. У книга́рні я купи́ла ціка́ві дитя́чі книжки́ для своєї молóдшої сестри́ та украї́нсько-англі́йський словни́к для свогó ста́ршого бра́та. У магази́ні пóсуду я купи́ла гáрну ча́шку для могó ба́тька. В супермáркеті я купи́ла вели́ку кольорóву сýмку для моєї ма́ми. Для дідуся́ та бабу́сі я купи́ла зручні́ гаманці́. Ще я купи́ла для всіх листі́вки. Я задовóлена своїми покýпками!

подарунок	gift
книгарня	bookstore
ціка**ий**/а/е/і	interesting (m/f/n/pl)
дитяча книга	children's book
магазин посуду	kitchen store
гарний	beautiful
українсько-англійський	Ukrainian-English
листівка	postcard
кольоровий	colored
зручний	comfortable
я задоволена	I'm satisfied
покупка	a purchase

2.9 В мої́й су́мочці за́вжди́ бага́то рече́й. Там є мій гамане́ць, ключı́ від моє́ї кварти́ри, мобı́льний телефо́н, мій па́спорт та студе́нтське посвı́дчення. Та́ко́ж там є мій щоде́нник та ру́чка, якщо́ менı́ захо́четься записа́ти якусь ціка́ву іде́ю. Ще в мої́й су́мочці за́вжди́ є пля́шка води́ та серве́тки.

сумочка	handbag, purse
студентське посвідчення	student identity card
щоденник	diary
мені захочеться	I will like
хотіти/ захотіти	to like
записати	to write down
якийсь/якась/якесь/якісь	some (m/f/n/pl)
пляшка води	bottle of water
серветки	napkins

2.10 Якось я загуби́в сві́й рюкза́к. Я ду́же засмути́вся, бо там були́ мої́ докуме́нти, ключі́ від варти́ри та гро́ші. Я пішо́в додо́му, а че́рез кі́лька годи́н до ме́не прийшо́в молоди́й хло́пець та поверну́в мій рюкза́к. Він сказа́в, що знайшо́в його́ на авто́бусній зупи́нці. Я був йому́ ду́же вдя́чний та запроси́в його́ попи́ти зі мно́ю ка́ви. Ми познайо́милися і ви́явилося, що ми сусі́ди. Тепе́р ми спілку́ємося та ча́сто хо́димо разо́м в спортза́л.

якось	one day
я загубив	I lost
губити/ загубити	to lose
я засмутився	I was upset
я пішов додому	I went home
кілька годин	few hours
приходити	to come
молодий хлопець	young man
повертати	to return
він сказав	he said
знаходити	to find
на автобусній зупинці	at a bus stop
вдячний	grateful
запрошувати	to invite
кава	coffee
знайомитися	to get to know
сусід	neighbor
ходити	to walk
спортзал	gym

Phrases in the locative case

у кни́зі	in a book
у газе́ті	in a newspaper
у журна́лі	in a magazine
у телефо́ні	in a phone
у ча́шці	in a cup
в рюкзаку́	in a backpack
в гаманці́	in a wallet
у су́мці	in a bag
у валі́зі	in a suitcase
у кише́ні	in a pocket
в супермар́кеті	at a supermarket
у книга́рні	in a bookstore
у магази́ні	in a store
на авто́бусній зупи́нці	at a bus stop
у спортза́лі	at a gym

Answer the questions:

1. Яки́й твій улю́блений ко́лір?
2. Що є у те́бе на столі́?
3. Що є у те́бе в су́мці?
4. Де ти купу́єш ре́чі?
5. Що ти купу́єш в книга́рні?
6. Що ти купу́єш в суперма́ркеті?
7. Ти губи́в ре́чі? Що ти губи́в?
8. Яка́ твоя́ адре́са?
9. Який твій но́мер телефо́ну?
10. Яка́ твоя́ електро́нна адре́са?

🎧 **Audio** for these and other questions from this book:
www.ukrainianpro.com/workbook-audio

Exercises

1. Translate into Ukrainian:

1. my book
2. his wallet
3. your (singular informal) money
4. her notebook
5. your (plural) computer
6. their documents
7. my backpack
8. our laptop
9. my bag
10. your (singular, formal) pen

2. Put the adjectives in the correct form:

m	f	n	pl
блаки́тн**ий** зо́шит	блаки́тн**а** су́мка	блаки́тн**е** не́бо	блаки́тн**і** зо́шити
blue notebook	*blue bag*	*blue sky*	*blue notebooks*

1. (ціка́вий) кни́га
2. (зеле́ний) ча́шка
3. (важки́й) рюкза́к
4. (вели́кий) словники́
5. (жо́втий) гамане́ць
6. (улю́блений) фо́то
7. (дитя́чий) газе́та
8. (бі́лий) оліве́ць

3. Answer the questions:

Model:
- Де лежи́ть твоя́ кни́га? (су́мка)
- Вона́ лежи́ть у су́мці.

1) Де лежи́ть твій гамане́ць? (кише́ня)
2) Де лежа́ть твої ре́чі? (валі́за)
3) Де він купу́є проду́кти? (суперма́ркет)
4) Де стаття́? (Where is an article?) (газе́та)
5) Де лежа́ть ключі́? (рюкза́к)

РОЗДІЛ 3: ЗАХОПЛЕННЯ ТА ЗАНЯТТЯ
INTERESTS AND ACTIVITIES

Слова

Words

захо́плення (хо́бі)	hobbies
заня́ття	occupation
та́нці	dancing
танцюва́ти	to dance
спорт	sport
займа́тися спо́ртом	to do sports
займа́тися фі́тнесом	to do fitness training
футбо́л	football
баскетбо́л	basketball
бейсбо́л	baseball
волейбо́л	volleyball
гольф	golf
ша́хи	chess
бокс	boxing
хоке́й	hockey
те́ніс	tennis
мисте́цтво	art
му́зика	music
слу́хати му́зику	to listen to music
гра́ти на піані́но	to play the piano
гра́ти на гіта́рі	to play the guitar
малюва́ння	painting
малюва́ти	to paint, to draw
іноз́емна мо́ва	foreign language
вчи́ти мо́ви	to learn languages
чита́ти книжки́	to read books

писа́ти листи́	to write letters
розмовля́ти з дру́зями	to talk to friends
пла́вати в мо́рі	to swim in the sea
пла́вати в басе́йні	to swim in the pool
подорожува́ти	to travel
ходи́ти на конце́рти	to go to concerts
ходи́ти на виста́ви	to go to performances
ходи́ти в кіно́	to go to the cinema
диви́тися фільм	to watch a movie
диви́тися виста́ву	to watch a performance
бі́гати в па́рку	to run in a park
ката́тися на велосипе́ді	to ride a bicycle

Тексти

3.1 Приві́т! Мене́ зва́ти Богда́н. Я займа́юся те́нісом. Це моя́ сестра́ Марі́я. Вона́ лю́бить малюва́ти карти́ни. Це мій брат Сергі́й. Він гра́є на гіта́рі. Це моя́ ма́ти Софі́я Олексі́ївна. Вона́ лю́бить чита́ти книжки́ та вчи́ти інозе́мні мови. За́раз вона́ вчить по́льську мо́ву. Це мій ба́тько Петро́ Іва́нович. Він захо́плюється кіно́. У ньо́го вели́ка коле́кція фі́льмів. Ми всі лю́бимо подорожува́ти. Цього́ лі́та ми пої́демо в Іта́лію.

польська мова	the Polish language
колекція фільмів	collection of movies
цього літа	this summer
ми поїдемо	we will go
Італія	Italy

3.2 Приві́т! Мене́ зва́ти Оле́на. Мені́ два́дцять два ро́ки. Я — студе́нтка техні́чного університе́ту. Я вчу́ся ма́йже ці́лий день, але у ме́не є ві́льний час. Вечора́ми мені́ подо́бається слу́хати му́зику та диви́тися фі́льми. На вихідни́х ми з дру́зями хо́димо на като́к ката́тися на ковзана́х. Та́ко́ж дві́чі на ти́ждень я займа́юся фі́тнесом.

ці́лий день	all day long
ві́льний час	spare time
вечора́ми	in the evenings
на вихідни́х	at weekends
като́к	skating rink
ката́тися на ковзана́х	to ice skate
дві́чі на ти́ждень	twice a week

3.3 Приві́т! Це мій найкра́щий друг Оле́г. Він працю́є в магази́ні і в ньо́го є бага́то хо́бі. Він займа́ється спо́ртом: футбо́лом та баскетбо́лом. Та́ко́ж він гра́є в ша́хи, ката́ється на велосипе́ді, бага́то чита́є. З ним за́вжди́ ду́же ве́село, бо він зна́є бага́то жа́ртів. Ми ча́сто хо́димо разо́м у кіно́ або в теа́тр. Я ра́дий, що в ме́не є таки́й друг!

найкращий друг	the best friend
багато	many, a lot of
з ним	with him
весело	cheerfully
жарт	a joke
часто	frequently
разом	together
я радий	I am glad
такий друг	such a friend

3.4 Я захо́плююся чита́нням. Я постíйно щось чита́ю. Менí подо́бається і кла́сика, і суча́сна літерату́ра. В моїй дома́шній бібліоте́ці вже бага́то книжо́к і я з ра́дістю даю́ їх почита́ти дру́зям. За́раз я чита́ю кни́гу украї́нської письме́нниці Марії́ Матіо́с "Соло́дка Дару́ся". В ній розповіда́ється про важку́ до́лю жíнки Дару́сі у гірсько́му селí за радя́нської доби́. Рекоменду́ю!

я захоплююся	I am fond of
захоплюватися	to admire, to be fond of
постійно	constantly, all the time
щось	something
мені подобається	I like
класика	classics
сучасна література	contemporary literature
домашня бібліотека	home library
з радістю	with pleasure
даю почитати	I give/ borrow to read
зараз	now
письменниця	writer
розповідається про	is told about
важка доля	plight
гірське село	mountain village
радянська доба	Soviet epoch
рекомендую	I recommend
рекомендувати	to recommend

3.5 Приві́т! Я Га́нна, у ме́не дво́є діте́й. Я хо́чу, щоб мої́ ді́ти росли́ здоро́ві та розу́мні. Моя́ моло́дша донька́ Тетя́на хо́дить у спорти́вну шко́лу. Там вона́ займа́ється волейбо́лом та вчи́ться гра́ти в ша́хи. Моя́ ста́рша донька́ Соломі́я обо́жнює та́нці та му́зику. Вона́ хо́дить у музи́чну шко́лу. Обидві ді́вчинки займа́ються малюва́нням та лю́блять чита́ти. Я ду́же ра́да, що в мої́х дітей бага́то захо́плень!

двоє дітей	two children
рости	to grow
здоровий	healthy
розумний	smart
спортивна школа	sport school
вона вчиться грати	she learns to play
вона обожнює	she adores
обожнювати	to adore
музична школа	music school
я рада	I'm glad

3.6 Приві́т! Мене́ зва́ти Катери́на. Я обо́жнюю подорожува́ти та вивча́ти мо́ви. Я зна́ю англі́йську, іспа́нську, італі́йську, росі́йську та по́льську мо́ви. За́раз я вчу німе́цьку мо́ву. Мені́ подо́бається спілкува́тися з рі́зними людьми́ та чита́ти кни́ги в оригіна́лі. Мені́ тро́хи ва́жко вчи́ти німе́цьку, але ду́же ціка́во. А тобі́ ціка́во вчи́ти украї́нську мо́ву?

англійська	English
іспанська	Spanish
італійська	Italian
російська	Russian
польська	Polish
німецька	German
спілкуватися	to communicate
важко	difficult, hard
цікаво	interesting

3.7 Привíт! Менé звáти Олексíй. Я працю́ю та займáюся собóю. Це — мій рóзклад. В понедíлок та в четвéр у méне тренувáння з футбóлу, у вівтóрок я займáюся малювáнням, у céреду в méне урóк гри на гітáрі, у п'я́тницю — урóк англíйської, в субóту в méне басéйн, а в недíлю я тренýюся в спортзáлі. Я ду́же зáйнятий!

<table>
<tr><td>займатися собою</td><td>to take care of oneself</td></tr>
<tr><td>розклад</td><td>schedule</td></tr>
<tr><td>тренування</td><td>training</td></tr>
<tr><td>тренуватися</td><td>to work out</td></tr>
<tr><td>басейн</td><td>swimming pool</td></tr>
<tr><td>урок</td><td>lesson</td></tr>
<tr><td>зайнятий</td><td>busy</td></tr>
</table>

<table>
<tr><td>понеділок</td><td>Monday</td></tr>
<tr><td>вівторок</td><td>Tuesday</td></tr>
<tr><td>середа</td><td>Wednesday</td></tr>
<tr><td>четвер</td><td>Thursday</td></tr>
<tr><td>п'ятниця</td><td>Friday</td></tr>
<tr><td>субота</td><td>Saturday</td></tr>
<tr><td>неділя</td><td>Sunday</td></tr>
</table>

3.8 Я люблю́ му́зику. Вона́ допомага́є мені́
роби́ти мої́ щоде́нні спра́ви. Я слу́хаю рок та джаз. Я бі́гаю
в па́рку в наву́шниках та слу́хаю свої́ улю́блені пісні́. Та́ко́ж
я гра́ю на піані́но. Вечора́ми я гра́ю в кафе́. Мені́
подо́бається, що лю́ди мене́ слу́хають. Му́зика ду́же
важли́ва для ме́не!

допомагати	to help
я слухаю	I'm listening, I listen
слухати	to listen
робити	to do, to make
щоденні справи	daily routine
навушники	headphones
в навушниках	with headphones on
улюблені пісні	favorite songs
вечорами	in the evenings
в кафе	in cafe
люди	people
важливий	important

3.9 Приві́т! Мене́ зва́ти Миха́йло Семе́нович. У ме́не
вели́ка та ду́же за́йнята роди́на. Мої́ ді́ти вже доро́слі і всі
вони́ працю́ють, але на вихідні́ ми за́вжди́ ра́зом. Нам
подо́бається акти́вний відпочи́нок. У субо́ту ми хо́димо в
басе́йн або на като́к, а в неді́лю знахо́димо час для теа́тру
або музе́ю. Завдяки́ таки́м дням на́ша роди́на ду́же
дру́жна!

3

зайнятий	busy
дорослий	adult
працювати	to work
на вихідні	at weekends
разом	together
активний відпочинок	outdoor activities
час	time
знаходити час	to find time
завдяки	thanks to

3.10 Мої захóплення постíйно змíнюються. Коли́ я був мале́ньким, менí подóбалися та́нці. Пóтім я зайня́вся малюва́нням, але́ менí набри́дло, і я пішóв на футбóл. Там я теж дóвго не затри́мався. Мене́ захопи́ла му́зика і я почá́в вчи́тися гра́ти на гіта́рі. Але́ скóро менí ста́ло не ціка́во, і я ви́рішив вивча́ти італíйську мóву. Цю спра́ву я теж ки́нув. Проблéма в тóму, що менí все шви́дко набрида́є.

постíйно	constantly
набридати	to bother, to annoy
я пішов	I went
я довго не затримався	I didn't stay long
затримуватися	to linger
мене захопила	I was captivated by
скоро	soon
справа	case, business
кидати	to drop, to quit, to leave
проблема	problem
швидко	quickly

Answer the questions:

1. Що тобі подо́бається роби́ти?
2. Що ти лю́биш роби́ти на вихідни́х?
3. Тобі подо́бається подорожува́ти?
4. Тобі подо́бається ходи́ти в кіно́?
5. Яку́ му́зику ти слу́хаєш?
6. Як ча́сто ти пи́шеш листи́?
7. Що ти ро́биш у п'я́тницю?
8. У те́бе є ві́льний час?
9. Які́ мо́ви ти зна́єш?
10. Яку́ мо́ву ти вчиш?

🎧 **Audio** for these and other questions from this book:
www.ukrainianpro.com/workbook-audio

Exercises

1. Write the verbs in the brackets into the present tense:

1) Я ча́сто (танцюва́ти).
2) На вихідни́х він (чита́ти) кни́ги.
3) Вона́ до́бре (гра́ти) на гіта́рі.
4) Ми щодня́ (бі́гати) у па́рку.
5) Мені́ подо́бається (ката́тися) на велосипе́ді.
6) Я за́раз (розмовля́ти) з дру́гом.
7) У неді́лю вони́ (ходи́ти) в кіно́.
8) Я (зна́ти) украї́нську мо́ву.
9) Що ти (роби́ти) за́втра?
10) Ви ча́сто (слу́хати) му́зику?

2. Compose the sentences:

		чита́ти
		розмовля́ти з дру́зями
Вра́нці	мені́ подо́бається	слу́хати му́зику
Вдень	я люблю́	писа́ти листи́
Вве́чері	мені́ не подо́бається	ходи́ти в кіно́
На вихідни́х	я не люблю́	малюва́ти
		вчи́ти мо́ви
		бі́гати

Model: На вихідних мені подобається ходити в кіно.

3. Here is a schedule of Ганна and Петро. Tell about their week. Що вони роблять?

День ти́жня	Ганна	Петро
Понеді́лок (Пн)	гіта́ра	англі́йська
Вівто́рок (Вт)	робо́та	футбо́л
Середа́ (Ср)	бокс	університе́т
Четве́р (Чт)	робо́та	футбо́л
П'я́тниця (Пт)	бокс	університе́т
Субо́та (Сб)	кафе́ з сестро́ю	вече́ря у бабу́сі
Неді́ля (Нд)	вихідни́й	вихідни́й

РОЗДІЛ 4: МІЙ ДІМ
MY HOUSE

Слова   **Words**

дім   home
буди́нок   house
кварти́ра   apartment
ме́блі   furniture
кімна́та   room
коридо́р   corridor
туале́т   toilet
душ   shower
ва́нна   bath
умива́льник   washbasin
кран   tap
дзе́ркало   mirror
ми́ло   soap
рушни́к   towel
пра́льна маши́на   washing machine
віта́льня   living room
дива́н   sofa
телеві́зор   TV
крі́сло   chair
ша́фа   wardrobe
ку́хня   kitchen
на ку́хні   in the kitchen
плита́   cooker
духо́вка   oven
по́суд   tableware
тарі́лка   plate

ча́шка	cup
виде́лка	fork
ло́жка	spoon
ніж	knife
посудоми́йна маши́на	dishwasher
холоди́льник	fridge
стіл	table
стіле́ць	chair
спа́льня	bedroom
лі́жко	bed
ки́лим	carpet
вікно́	window
две́рі	door
балко́н	balcony
дах	roof
стіна́	wall
сте́ля	ceiling
підло́га	floor
на підло́зі	on the floor
ла́мпа	lamp
пе́рший по́верх	first floor
гара́ж	garage
спра́ва	on the right
злі́ва	on the left
ремо́нт	a repair

4

Тексти

4.1 Це моя́ кімна́та. Тут зеле́ні сті́ни. Спра́ва стої́ть моє́ лі́жко, злі́ва бі́ля вікна́ стої́ть мій комп'ю́терний стіл. На столі́ – мій комп'ю́тер. Над столо́м вися́ть книжко́ві поли́ці. На поли́цях стоя́ть мої́ книжки́. Бі́ля двере́й стої́ть ша́фа з о́дягом. На підло́зі лежи́ть кори́чневий ки́лим.

комп'ютерний стіл	computer desk
висіти	to hang
лежати	to lie
стояти	to stand
шафа з одягом	wardrobe

4.2 Це ку́хня. На ку́хні я їм. Суп я їм ло́жкою, сала́т я їм виде́лкою. Чай я п'ю з ча́шки. Це спа́льня. В спа́льні я сплю на лі́жку. Тут є вели́ке вікно́. Його́ мо́жна відкри́ти та прові́трити кімна́ту. Це ва́нна кімна́та. Тут я купа́юся та ходжу́ в туале́т. Та́ко́ж я тут ми́ю руки. Це коридо́р. Тут я залиша́ю ку́ртку та взуття́. В коридо́рі я взува́ю дома́шні ка́пці*.

* В Украї́ні є ву́личне взуття́, а є дома́шнє. Коли́ в український дім прихо́дять го́сті, вони́ розбува́ються.

я їм	I eat
їсти	to eat
ложкою	with a spoon
виделкою	with a fork
я п'ю	I drink
пити	to drink
з чашки	from a cup
на ліжку	on the bed
можна	it is possible
відкрити	to open
провітрити	to ventilate
я купаюся	I bathe
купатися	to bathe
я ходжу в туалет	I go to the toilet
ходити в туалет	to go to the toilet
я мию руки	I wash hands
мити	to wash
я залишаю	I leave
залишати	to leave
куртка	jacket

я взуваю капці	I put on my slippers
взуватися	to put on one's shoes
взуття	footwear
домашні капці	slippers
вуличне взуття	street shoes
приходять гості	guests come
приходити	to come, to arrive
вони розбуваються	they take off their shoes
розбуватися	to take off one's shoes

4.3 Це наш двоповерхо́вий буди́нок. На пе́ршому по́версі гара́ж, віта́льня, туале́т та ку́хня. На дру́гому по́версі - дві спа́льні та ва́нна кімна́та. Ще в нас є гори́ще. Там лежа́ть старі́ та непотрі́бні ре́чі. На ку́хні ми готу́ємо ї́сти. Тут є холоди́льник, плита́, духо́вка, стіл та стільці́. У віта́льні ми зустріча́ємо госте́й або́ збира́ємося всіє́ю сім'є́ю. Тут стої́ть вели́кий дива́н, крі́сла та телеві́зор. На підло́зі лежи́ть кольоро́вий ки́лим. В обо́х спа́льнях стоя́ть лі́жка. В коридо́рі стоя́ть ша́фи з о́дягом. У на́шому буди́нку вели́кі ві́кна, тому́ тут сві́тло та приє́мно.

двоповерховий	two-storey
горище	loft
на першому поверсі	on the first floor
на другому поверсі	on the second floor
ванна кімната	bathroom
старий	old
непотрібний	useless
готувати їсти	to cook
зустрічати гостей	to meet guests
світло	light
приємно	pleasantly, nicely

4.4 Нещода́вно я купи́в собі двокімна́тну кварти́ру в Ки́єві. Тепе́р я роби́тиму ремо́нт. Я хо́чу блаки́тні сті́ни та парке́т на підло́зі. Та́ко́ж тут нема́є ме́блів, тож я їх куплю́. Я вже замо́вив ме́блі для ку́хні та всю побуто́ву те́хніку: пра́льну маши́ну, посудоми́йну маши́ну, холоди́льник, плиту́ та духо́вку. Ме́блі для спа́льні я обира́тиму на насту́пному ти́жні. Я хо́чу купи́ти вели́ке лі́жко зі зручни́м матра́цом та, можли́во, крі́сло. Та́ко́ж я куплю́ вазо́ни і карти́ни.

нещодавно	recently
двокімнатна квартира	two-bedroom apartment
я робитиму	I will do
робити	to do, to make
ремонт	a repair
я хочу	I want
паркет	parquet
тож	therefore
купувати	to buy
я куплю	I will buy
я замовив	I ordered
замовляти	to order
матрац	mattress
вазон	flowerpot
картина	a painting

4.5 Я – письме́нник і прово́джу бага́то ча́су вдо́ма, тому́ для ме́не ду́же важли́во, щоб тут було́ за́тишно. В мої́й кімна́ті все як я люблю́: черво́ні што́ри на ві́кнах, вазо́ни з кві́тами та мої́ книжко́ві поли́ці. У ме́не зручне́ лі́жко та чудо́вий письмо́вий стіл біля вікна́. Тут є кондиціоне́р, тож мені́ не жа́рко влі́тку. Мені́ подо́бається працюва́ти вдо́ма.

проводити час	to spend time
вдома	at home
тому	therefore
важливо	important
затишно	cozy
штори	curtains
зручний	comfortable
чудовий	excellent
жарко	hot
книжкова полиця	bookshelf
кондиціонер	air conditioning

4

4.6 Доброго ранку! Зараз я на кухні готую сніданок. В чайнику вже кипить вода, це буде чорний чай з лимоном і цукром. На сковороді я смажу яєчню із салом, нарізаю хліб. Ось моя тарілка, ось моя чашка. Все готово, можна снідати. Після сніданку я поставлю брудний посуд в посудомийну машину та піду на роботу.

готувати	to cook
сніданок	breakfast
кипіти	to boil
вода	water
буде	will be
бути	to be
чорний чай	black tea
лимон	lemon
цукор	sugar
сковорода	frying pan
смажити	to fry
яєчня	fried eggs
сало	fatback
нарізати	to cut
хліб	bread
ось	here, this is
готово	ready
ставити	to put
брудний посуд	dirty tableware

4.7 Ми живе́мо в багатоповерхо́вому буди́нку в Ки́єві. У цьо́му буди́нку бага́то кварти́р. На́ша кварти́ра знахо́диться на четве́ртому по́версі. У нас бага́то сусі́дів, але́ ми їх не зна́ємо. Так ча́сто буває у вели́кому місті. У нас однокімна́тна мале́нька, але́ за́тишна кварти́ра. В ній є ку́хня, спа́льня, коридо́р і туале́т. В спа́льні є лише́ лі́жко та вели́ка книжко́ва ша́фа. В коридо́рі сто́їть ша́фа для о́дягу, на сті́нах вися́ть дзеркала́. Ку́хня у нас звича́йна, тут є все необхі́дне. Нам все подо́бається, але́ тут буває ті́сно, коли́ прихо́дять го́сті.

4

багатоповерховий	multi-storey
будинок	house
квартира	apartment
знаходиться	is located, is situated
на четвертому поверсі	on the fourth floor
сусід	neighbor
знати	to know
ми знаємо	we know
часто	often
однокімнатна квартира	one-room apartment
затишний	cozy
необхідне	necessary
тісно	cramped
гості	guests

4.8 Вчо́ра я ходи́в за поку́пками. В магази́ні "Все для до́му" я купи́в рушники́, ми́ло та зубну́ па́сту для ва́нної кімна́ти. Для ку́хні я купи́в нові́ тарі́лки, ча́шки, ло́жки, виде́лки та ножі́. Для спа́льні я купи́в декорати́вні поду́шки, ко́вдру та га́рний вазо́н. Ще я купи́в карти́ни, які пові́шу в коридо́рі.

вчора	yesterday
ходити за покупками	to go shopping
зубна паста	toothpaste
ніж	knife
декоративні подушки	cushions
ковдра	blanket
я повішу	I'll hang
вішати	to hang

4.9 Нещода́вно ми зроби́ли ремо́нт. Тепе́р у нас у ва́нній кімна́ті суча́сна бі́ла пли́тка, нова́ душова́ кабі́на та кран. Сті́ни в коридо́рі тепе́р черво́ні. Ми пові́сили тут вели́ке дзе́ркало. В дитя́чій кімна́ті ми поклє́їли сві́тлі шпале́ри та покла́ли ламіна́т. Ще ми купи́ли нові́ ме́блі: дива́н, крі́сла, два лі́жка, стіл та стільці́. На ку́хні ми теж зроби́ли ремо́нт: пофарбува́ли сті́ни у си́ній ко́лір та покла́ли пли́тку на підло́гу. Ми купи́ли нови́й холоди́льник та духо́вку. На́ша кварти́ра тепе́р ду́же га́рна та за́тишна.

ремонт	repair
сучасний	modern
плитка	tile
душова кабіна	shower cabin
клеїти	to glue
шпалери	wallpaper
поклали/ класти	to put
ламінат	laminate flooring
пофарбували	we painted
фарбувати	to paint

4.10 У ме́не вели́ка роди́на і ми живе́мо у вели́кому буди́нку. У ко́жного своє́ улю́блене мі́сце в до́мі. На́ша ки́ця лю́бить сиді́ти під столо́м на ку́хні. Наш пес обо́жнює килимо́к в коридо́рі. Улю́блене мі́сце мого́ моло́дшого си́на – віта́льня, бо там сто́їть на́ша книжко́ва ша́фа, а він ду́же лю́бить чита́ти. Улю́блене мі́сце мого́ ста́ршого си́на – ку́хня, бо він лю́бить готува́ти. У мо́єї дочки́ теж улю́блене мі́сце - ку́хня. Особли́во вона́ лю́бить перевіря́ти, чи є щось смачне́ньке у холоди́льнику. Улю́блене мі́сце мо́єї дружи́ни – спа́льня. Вона́ там відпочива́є. Моє́ улю́блене мі́сце – ва́нна кімна́та, бо там за́вжди́ споко́йно.

улюблене місце	favorite place
під столом	under the table
обожнювати	to adore
килимок	rug
особливо	especially
перевіряти	to check
смачненьке	delicious
вона відпочиває	she rests
відпочивати	to relax, to rest
спокійно	calmly

Порядкові числівники. Ordinal numbers 1-10:

пе́рший по́верх	the first floor
дру́гий по́верх	the second floor
тре́тій по́верх	the third floor
четве́ртий по́верх	the fourth floor
п'я́тий по́верх	the fifth floor
шо́стий по́верх	the sixth floor
сьо́мий по́верх	the seventh floor
во́сьмий по́верх	the eighth floor
дев'я́тий по́верх	the ninth floor
деся́тий по́верх	the tenth floor

4

Answer the questions:

1. На якóму пóверсі ти живéш?
2. Скíльки вíкон у тébe в кімнáті?
3. Що ти рóбиш на кýхні?
4. У тébe є балкóн?
5. Скíльки кімнáт в твоїй квартúрі/ в твоéму дóмі?
6. Якé твоé улю́блене мíсце в квартúрі/ в дóмі?
7. Якí мéблі є у тébe на кýхні?
8. У тébe є кúлим на підлóзі?
9. Де лежúть твій óдяг?
10. Де стоїть твій пóсуд?

🎧 **Audio** for these and other questions from this book:
www.ukrainianpro.com/workbook-audio

Exercises

1. Find the suitable definitions:

1)	килим	а)	люди там готу́ють ї́сти
2)	стіле́ць	б)	там стоя́ть маши́ни
3)	ку́хня	в)	люди там ми́ються
4)	телеві́зор	г)	люди там спля́ть
5)	гара́ж	ґ)	люди на ньо́му сидя́ть
6)	две́рі	д)	він лежи́ть на підло́зі
7)	ва́нна кімна́та	е)	їх мо́жна закри́ти або́ відкри́ти
8)	спа́льня	є)	люди його́ ди́вляться

2. Put the adjectives into the correct form:

1) (зручни́й) крі́сло
2) (стари́й) буди́нок
3) (за́тишний) кварти́ра
4) (декорати́вний) поду́шка
5) (споко́йний) мі́сце

3. Find these 10 words:

дива́н, ша́фа, ча́шка, кімна́та, дім, тарі́лка, ми́ло, гара́ж, рушни́к, крі́сло

п	р	о	т	а	р	і	л	к	а
к	у	д	д	н	а	г	в	д	н
т	ш	м	и	л	о	а	о	к	д
и	н	р	в	е	ч	р	н	**д**	а
в	и	ш	а	ф	а	а	и	**і**	х
і	к	с	н	у	п	ж	н	**м**	х
н	е	и	к	і	м	н	а	т	а
п	і	к	р	і	с	л	о	в	ч
у	ч	а	ш	к	а	а	г	н	е
с	у	п	е	р	к	л	а	с	о

РОЗДІЛ 5: МОЄ МІСТО
MY CITY

Слова	Words
доро́га	road
ву́лиця	street
пло́ща	square
метро́	underground
авто́бус	bus
трамва́й	tram
троле́йбус	trolleybus
зупи́нка	a stop
авто́бусна зупи́нка	bus stop
трамва́йна зупи́нка	tram stop
троле́йбусна зупи́нка	trolleybus stop
парко́вка (па́ркінг)	parking
по́шта	post office
рестора́н	restaurant
кафе́	cafe
клуб	club
магази́н	shop
крамни́ця	shop
суперма́ркет	supermarket
торго́вий центр	shopping mall
база́р (ри́нок)	market
апте́ка	pharmacy
кіо́ск	kiosk
парк	park
вокза́л	railway station
аеропо́рт	airport

кіно́ (кінотеа́тр)	cinema
теа́тр	theater
музе́й	museum
галере́я	gallery
це́рква	church
ліка́рня	hospital
шко́ла	school
банк	bank
о́бмін валю́т	currency exchange
університе́т	university
па́м'ятник	monument
екску́рсія	excursion
готе́ль	hotel
гід	guide
гуля́ти по мі́сту (гуля́ти мі́стом)	to walk around the city
сувені́р	souvenir

Тексти

5.1 Це моє́ мі́сто. Бі́ля мого́ буди́нку є суперма́ркет, апте́ка, банк і авто́бусна зупи́нка. Тро́хи да́лі є парк і шко́ла, дитя́чий садо́к. В це́нтрі мі́ста є старови́нні буди́нки, музе́ї, теа́три, па́м'ятники та університе́ти. На око́лиці мі́ста є однако́ві радя́нські буди́нки та шко́ли. Мені́ подо́бається центр мого́ мі́ста, але́ мені́ не подо́бається око́лиця.

біля мого будинку	near my house
старовинн**ий**/а/е/і	antique (m/f/n/pl)
мій будинок	my house
трохи далі	a little further
дитячий садок	kindergarten
в центрі міста	downtown
на околиці міста	on the outskirts
однаков**ий**/а/е/і	similar, identical (m/f/n/pl)
радянськ**ий**/а/е/і	Soviet (m/f/n/pl)

5.2 У місті є різні місця. На зупинці люди чекають транспорт. В магазині люди купують різні речі та продукти. В кафе люди п'ють чай або каву, їдять солодощі. В ресторані люди снідають, обідають або вечеряють. В аптеці люди купують ліки. На пошті надсилають чи отримують листи, купують конверти, марки, листівки. В кіно люди дивляться фільми. У театрі та в цирку дивляться вистави. В парку люди гуляють та відпочивають. У кіоску люди купують дрібні речі. В кіоску "Обмін валют" люди обмінюють гроші.

місце	place
люди	people
різні дрібні речі	various small things
пити	to drink
їсти	to eat
солодощі	sweets
солодк**ий**/а/е/і	sweet (m/f/n/pl)
купувати	to buy
ліки (only pl)	medicine
надсилати	to send
отримувати	to receive
лист	letter
конверт	envelope
марка	a stamp
листівка	postcard
вистава	performance

5.3 Я живу́ у вели́кому мі́сті. У моє́му мі́сті є вокза́л і аеропо́рт. Тут є бага́то зеле́них па́рків, ботані́чний сад, цирк. Тут є теа́три, галере́ї, клу́би, ресто́рани та кафе́. Проду́кти мо́жна купи́ти на база́рі, в мале́ньких крамни́цях, у вели́ких супермо́ркетах. Музе́ї, па́м'ятники та церкви́ приво́блюють тури́стів з і́нших міст. Я люблю́ своє́ мі́сто!

ботанічний сад	botanical garden
цирк	circus
продукти	food
можна купити	can be bought
приваблюють туристів	to attract tourists
приваблювати	to attract
з інших міст	from other cities
інше місто	another city

5

5.4 Я хо́чу пої́хати до Льво́ва. Я бага́то чув про це мі́сто, але ніко́ли там не був. Я хо́чу поба́чити центра́льну пло́щу, вузькі́ ву́лиці та скульпту́ри ле́вів. Я хо́чу подиви́тися на карти́ни в галере́ях та попи́ти ка́ви у льві́вських кав'я́рнях. Я хо́чу поката́тися на трамва́ї та походи́ти пі́шки. Та́ко́ж я хо́чу купи́ти га́рні сувені́ри для свої́х дру́зів та ро́дичів.

я хочу поїхати	I want to go
їздити	to go, to drive
я багато чув/чула	I had heard a lot (m/f)
чути	to hear
ніколи	never
центральна площа	central square
вузькі вулиці	narrow streets
скульптура	sculpture
лев	lion
подивитися	to look, to watch
попити	to drink
покататися	to ride
походити пішки	to walk
кав'ярня	cafe
сувеніри	souvenirs

5.5 Вчо́ра мій друг запроси́в мене́ на прогу́лянку мі́стом. Ми гуля́ли ву́лицями та фотографува́ли ціка́ві місця́. Мені́ сподо́балися старови́нні різнокольоро́ві буди́нки в це́нтрі мі́ста, вели́кий зеле́ний парк з ла́вочками, мале́нькі за́тишні кав'я́рні. Ще ми зайшли́ в книжко́вий магази́н бі́ля па́рку і купи́ли там листі́вки. Насту́пного ра́зу ми пі́демо в кіно́ на нови́й фільм.

він запросив	he invited
запрошувати	to invite
прогулянка	a walk
фотографувати	to photograph
мені сподобалися	I liked
подобатися	to like
різнокольорові	multicolored
лавочка	bench
йти на фільм	to go to a movie
ми зайшли	we came in
заходити	to enter, to come in
біля парку	near the park
наступного разу	next time
ми підемо	we will go
ходити	to go

5

5.6 Коли́ я ї́ду в авто́бусі, мені́ подо́бається диви́тися у вікно́. Я люблю́ диви́тися на люде́й, на твари́н, на дере́ва, на буди́нки, на маши́ни. Коли́ я ї́ду повз шко́лу, я ба́чу діте́й на ву́лиці. Коли́ я ї́ду повз університе́т, я ба́чу студе́нтів. Коли́ я ї́ду повз парк, я ба́чу люде́й на ла́вках та люде́й, що бі́гають або́ гуля́ють. Коли́ я ї́ду повз кафе́, я ба́чу люде́й, що ї́дять і п'ю́ть ка́ву.

дивитися у вікно	to look out the window
дивитися на людей	to look at people
тварини	animals
дерева	trees
будинки	houses
машини	cars
я їду	I'm going
їхати	to go, to drive
повз	past, by
повз школу	by school
на лавках	on the benches
вони бігають	they are running
бігати	to run
вони гуляють	they are walking
гуляти	to walk
вони їдять	they are eating
їсти	to eat
вони п'ють	they are drinking
пити	to drink

5.7 Моє́ мі́сто – Ки́їв. Це столи́ця Украї́ни. Ки́їв – вели́ке та старода́внє мі́сто. Тут живе́ бага́то люде́й. У Ки́єві бага́то маши́н, але ма́ло парко́вок. У Ки́єві деше́ве метро́ та бага́то кіо́сків з ка́вою. У Ки́єві є вели́кі па́рки, бага́то хоро́ших теа́трів, старі́ музе́ї та суча́сні торго́ві це́нтри. Ще в Ки́єві є бага́то га́рних мура́лів. В цьо́му мі́сті хо́дить рі́зний грома́дський тра́нспорт: метро́, авто́буси, маршру́тки, трамва́ї і троле́йбуси. А взагалі́, Ки́їв – мі́сто контра́стів.

столиця	capital
стародавн**ій**/я/є/і	ancient (m, f, n, pl)
мало парковок	not enough parkings
парковка	parking
дешевий	cheap
з кавою	with coffee
сучасні торгові центри	modern shopping centers
мурал	mural painting
громадський транспорт	public transport
маршрутка	minibus
взагалі	generally
місто контрастів	city of contrasts

5

5.8 Я подорожу́ю. Сього́дні я в Лу́цьку. Це старода́внє мі́сто на за́ході Украї́ни. Я приї́хав сюди́ по́тягом. Тут є ду́же га́рні собо́ри та буди́нки. Ще тут є відо́мий Лу́цький за́мок та ботані́чний сад. Лю́ди в Лу́цьку ду́же приві́тні та до́брі, а в лу́цьких рестора́нах за́вжди мо́жна сма́чно пої́сти. Мені́ подо́бається це мі́сто!

я подорожую	I travel
подорожувати	to travel
стародавній	ancient
захід	west
їздити потягом	to travel by train
собор	cathedral
відомий	known
замок	castle
привітний	friendly
добрий	good
смачно поїсти	to have a tasty meal

захід	west
на заході	in the west
схід	east
на сході	in the east
північ	north
на півночі	in the north
південь	south
на півдні	in the south

5.9 Вчо́ра у ме́не було́ бага́то справ. Я зайшла́ на по́шту і купи́ла листі́вки. По́тім я зайшла́ у банк та обміня́ла гро́ші. Пі́сля цього я занесла́ кни́ги в бібліоте́ку. По́тім я зайшла́ в ка́су і купи́ла квитки́ в теа́тр. Вве́чері я зустрі́лася з дру́зями і ми пішли́ в парк ката́тися на ро́ликах. Я була́ вто́млена, але́ все одно́ ще зайшла́ в супермáркет за проду́ктами, бо в ме́не вже був пусти́й холоди́льник.

мати багато справ	to have a lot to do
заходити	to enter
я зайшла/ зайшов	I entered (f/m)
потім	then
я обміняла/ обміняв	I exchanged (f/m)
обмінювати	to exchange
після цього	after that
каса	cashbox
квитки в театр	theater tickets
я зустрілася/ зустрівся	I met (f/m)
зустрічатися	to meet
ми пішли	we went
кататися на роликах	to rollerblade
втомлений	tired
все одно	anyway
ходити за продуктами	to do grocery shopping
вже	already
пуст**ий**/а/е/і	empty (m/f/n/pl)

5

5.10 Сього́дні ми пої́хали на авто́бусну екску́рсію по мі́сту. Гід розповіда́в, а ми диви́лися у вікно́. Бíля ко́жного па́м'ятника авто́бус зупиня́вся, а ми вихо́дили та фотографува́лися. По́тім ми сіда́ли в авто́бус та ї́хали да́лі. Ми ба́чили церкви́, собо́ри, ву́лиці, па́рки, буди́нки, теа́три, музе́ї та люде́й. За́втра я піду́ на пішохі́дну екску́рсію та подивлю́ся на все ще раз.

автобусна екскурсія	bus tour
він розповідав	he was telling
розповідати	to tell
ми дивилися	we were watching
дивитися	to watch
фотографуватися	to take pictures
ми сідали	we sat down
сідати	to sit down
їхати далі	to keep going
пішохідна екскурсія	walking tour
ще раз	once more

Answer the questions:

1. Ти живе́ш у вели́кому мі́сті?
2. Що є біля твого́ буди́нку?
3. Що є в це́нтрі твого́ мі́ста?
4. Що є на око́лиці твого́ мі́ста?
5. У твоє́му мі́сті є аеропо́рт?
6. Яке́ твоє́ улю́блене кафе́?
7. Які́ ціка́ві місця́ є у твоє́му мі́сті?
8. Яки́й грома́дський тра́нспорт хо́дить в твоє́му мі́сті?
9. Що люди́ ро́блять на по́шті?
10. Де мо́жна купи́ти проду́кти?

5

🎧 **Audio** for these and other questions from this book:
www.ukrainianpro.com/workbook-audio

Exercises

1. Put a question to the sentences, using the question words Який? (m) Яка? (f) Яке? (n) Які? (pl) (What? What kind of?)

Model: Це старови́нні буди́нки.
       Які́ це буди́нки?

1) Це ціка́вий фільм.
2) Це вели́кий аеропо́рт.
3) Це га́рна галере́я.
4) Це центра́льний парк.
5) Це різнокольоро́ві листі́вки.
6) Це відо́мий музе́й.
7) Це суча́сний буди́нок.
8) Це старода́внє мі́сто.
9) Це вузька́ ву́лиця.
10) Це мале́нька кав'я́рня.

2. Insert the correct form of the verbs "дивитися":

1) Сього́дні ми з дру́зями ___________ ціка́вий фільм в кіно́.
2) Куди́ ти _____________ ?
3) Коли́ я ї́ду в авто́бусі, я __________ у вікно́.
4) Він __________ на свого́ дру́га.
5) Тури́сти __________ мі́сто.

диви́тися (the present tense)

я дивлю́сь	ми ди́вимось
ти ди́вишся	ви ди́витесь
він/ вона ди́виться	вони ди́вляться

3. Complete the sentences:

1) В па́рку...	а) ... я надсила́ю листи́.
2) В апте́ці...	б) ... я купу́ю проду́кти.
3) В рестора́ні...	в) ... я купу́ю квитки́ в теа́тр.
4) В суперма́ркеті...	г) ... я купу́ю лі́ки.
5) В галере́ї...	ґ) ... я беру́ кни́ги.
6) В ка́сі...	д) ... я обмі́нюю гро́ші.
7) В ба́нку...	е) ... я гуля́ю та відпочива́ю.
8) В кіно́...	є) ... я дивлю́ся на карти́ни.
9) На по́шті...	ж) ... я дивлю́ся фі́льми.
10) В бібліоте́ці...	з) ... я вече́ряю.

5

РОЗДІЛ 6: ПРОДУКТИ
FOOD

Слова	Words
ї́сти	to eat
пи́ти	to drink
проду́кти	products (food)
готува́ти	to cook, to prepare
сніда́нок	breakfast
снı́дати	to have breakfast
обı́д	dinner
обı́дати	to have dinner
вече́ря	supper
вече́ряти	to have supper
напı́й (напо́ї)	**drink (drinks)**
вода́	water
сік	juice
чай	tea
ка́ва	coffee
пи́во	beer
фру́кти	**fruits**
я́блуко	apple
гру́ша	pear
апельси́н	orange
пе́рсик	peach
абрико́с	apricot
ви́шня	cherry
сли́ва	plum
мали́на	raspberry
каву́н	watermelon
ди́ня	melon
виногра́д	grape

кукуру́дза	corn
рис	rice
гре́чка	buckwheat
вівся́на ка́ша	oatmeal
о́вочі	**vegetables**
карто́пля	potato
мо́рква	carrot
капу́ста	cabbage
буря́к	beet, beetroot
цибу́ля	onion
часни́к	garlic
помідо́р	tomato
огіро́к	cucumber
м'я́со	meat
ри́ба	fish
моло́чні проду́кти	**dairy products**
молоко́	milk
сир	cheese
смета́на	sour cream
кефі́р	kefir (a fermented milk drink popular in Ukraine)
йо́гурт	yogurt
макаро́ни	macaroni
хліб	bread
цуке́рка	candy
шокола́д	chocolate
ті́стечко	cake
торт	pie
гриби́	mushrooms
горі́хи	nuts
яйце́ (я́йця)	egg (eggs)
кори́сний	useful
шкідли́вий	harmful

6

смачни́й	delicious
сві́жий	fresh
стра́ва	dish, course
меню́	**menu**
борщ	borshch (Ukrainian cuisine, red soup with beet)
варе́ники	varenyky (Ukrainian cuisine, filled dumplings)
котле́та	cutlet
суп	soup
бутербро́д	sandwich
сала́т	salad

Тексти

6.1 Зазвича́й я сніда́ю вдо́ма. На сніда́нок у ме́не йо́гурт та чай з бутербро́дом або́ вівся́на ка́ша з фру́ктами. На робо́ті я п'ю ка́ву, а о дру́гій обі́даю в рестора́ні. Я ча́сто замовля́ю суп або борщ. Як пра́вило, я вече́ряю вдо́ма. Пі́сля робо́ти я готу́ю вече́рю – м'я́со з сала́том або ри́бу з гарні́ром. Але́ і́ноді я про́сто купу́ю пі́ццу.

зазвичай	usually
о другій	at 2 o'clock
як правило	as a rule
гарнір	garnish
купувати	to buy
я купую	I buy

пити – to drink (the present tense)

я п'ю	ми п'ємо́
ти п'єш	ви п'єте́
він, вона, воно п'є	вони п'ють

6.2 Украї́нська ку́хня – ду́же смачна́! Борщ – традиці́йний украї́нський суп. До його́ скла́ду вхо́дить буря́к, мо́рква, карто́пля, капу́ста, цибу́ля, м'я́со або́ гриби́. Варе́ники – украї́нська національа́льна стра́ва. Варе́ники бува́ють з карто́плею, з м'я́сом, з я́годами та з і́ншими на́чинками. Зазвича́й їх їдя́ть зі смета́ною, і борщ – та́кож. А які́ стра́ви традиці́йцні у Ва́шій краї́ні?

українська кухня	Ukrainian cuisine
до його складу входить	it contains
ягоди	berries
начинка	filling
з іншими начинками	with other fillings
зі сметаною	with sour cream
країна	country

їсти – to eat (the present tense)

я їм	ми їмо
ти їсиш	ви їсте
він, вона, воно їсть	вони їдять

6.3 Всім приві́т! Мене́ зва́ти Олексі́й, я вегетаріа́нець.
Я – прихи́льник здоро́вого харчува́ння. Ось мій реце́пт
смачно́го фрукто́вого сала́ту:
Візьмі́ть одне́ я́блуко, одну́ гру́шу, оди́н бана́н, кі́лька
полуни́ць, одне́ кі́ві. Порі́жте фру́кти, рете́льно
переміша́йте та дода́йте йо́гурт або́ кефі́р за смако́м.
Смачно́го!

Всім привіт!	Hello everybody!
вегетаріанець	vegetarian
прихильник	supporter
здорове харчування	healthy diet
візьміть	take (imperative, 2 pl*)
взяти	to take
поріжте	cut (imperative, 2 pl)
різати	to cut
ретельно	carefully
перемішайте	stir (imperative, 2 pl)
перемішувати	to mix, to stir
додайте	add (imperative, 2 pl)
додавати	to add
за смаком	according to your taste
Смачного!	Bon appetit!

*2 pl — second-person plural

6.4 Щонеді́лі я роблю́ поку́пки в супермáркеті. Я купу́ю продýкти на настýпний ти́ждень. Я зáвжди́ берý багáто óвочів та фрýктів. Особли́во я люблю́ банáни, але вони́ шви́дко псую́ться, тож я купýю лишé оди́н кілогрáм. Тáкóж я купýю кíлька кілогрáмів я́блук, апельси́нів та íнших сезóнних фрýктів.

В овочéвому вíдділі я берý картóплю, мóркву, буря́к, капýсту та цибýлю. У вíдділі молóчних продýктів я берý молокó, сметáну, кефíр та сир. В м'яснóму вíдділі я купýю м'я́со кýрки, в ри́бному – трóхи ри́би. Я тáкóж берý я́йця та хліб.

Сéред ти́жня я купýю необхíдні продýкти в малéнькому магази́нчику бíля могó дóму.

щонеділі	every Sunday
робити покупки	to go shopping
брати	to take (to buy)
я беру	I take
особливо	especially
псуватися	to spoil
кілька	several
сезонні фрукти	seasonal fruits
овочевий відділ	vegetable aisle
молочні продукти	dairy products
м'ясний відділ	meat aisle
рибний відділ	fish aisle
серед тижня	in the middle of the week

6.5 Я купу́ю проду́кти в суперма́ркеті або́ на ри́нку. Пе́ред тим, як піти́ за проду́ктами, я, як пра́вило, пишу́ спи́сок. Сього́дні в моє́му спи́ску: пля́шка молока́, кілогра́м груш, па́чка ма́сла, буханє́ць хлі́ба, ба́нка консерво́ваних огіркі́в та щось соло́дке до ча́ю. Коли́ я не пишу́ спи́сок, я ча́сто забува́ю щось купи́ти. Напри́клад, мину́лого ра́зу я забу́в купи́ти хліб і мені́ довело́ся верта́тися в магази́н.

піти за продуктами	to go grocery shopping
як правило	usually
список	list
в моєму списку	in my list
пляшка молока	bottle of milk
кілограм груш	kilo of pears
пачка масла	pack of butter
буханець хліба	loaf of bread
банка консервованих огірків	jar of canned cucumbers
щось солодке до чаю	something sweet for tea
чай	tea
я забув/ я забула	I forgot
забувати	to forget
мені довелося	I had to
вертатися	to come back

6

6.6 Під час по́дорожей по за́хідній Украї́ні я люблю́ ї́сти в рестора́нах. Це за́вжди́ ду́же сма́чно та недо́рого. В рестора́нах украї́нської ку́хні мо́жна замо́вити борщ, варе́ники, деруни́, котле́ту по-ки́ївськи та і́нші традиці́йні стра́ви. В мале́ньких за́тишних кав'я́рнях мо́жна ви́пити ка́ви з пирого́м та смачни́м ті́стечком. А коли́ мені́ хо́четься чого́сь просто́го, я купу́ю йо́гурт в супермаркеті.

під час	during
західна Україна	Western Ukraine
недорого	not expensively
деруни	potato pancakes
котлета по-київськи	chicken Kyiv
пиріг	pie
тістечко	pastry
щось просте	something simple

6.7 Вчо́ра Оле́ся зустріча́лася зі своє́ю по́другою Ната́лкою в кафе́. Дівча́та бага́то розмовля́ли та смія́лися. Оле́ся замо́вила чо́рний чай та шмато́чок шокола́дного то́рту, а Ната́лка – ка́ву та вані́льне моро́зиво. Офіціа́нт пора́див спро́бувати цуке́рки від ше́фа, тож дівча́та замо́вили ще й по дві цуке́рки. Коли́ вже був час йти́, вони́ попроси́ли раху́нок. Це була́ га́рна зу́стріч!

сміятися	to laugh
чорний чай	black tea
шматочок	piece
торт	pie
ванільне морозиво	vanilla ice cream
спробувати	to try
цукерка	candy
рахунок	bill

6.8 Діалоги "В ресторані":

- До́брий день! Що бу́дете замовля́ти?
- Мені́, будь ла́ска, борщ та картопля́не пюре́ з сала́том.
- Яки́й сала́т бажа́єте?
- А яки́й Ви мені́ пора́дите?
- Скушту́йте сала́т "Олів'є́".
- Дава́йте.
- Бажа́єте десе́рт?
- Ні, дя́кую.
- О́тже, Ва́ше замо́влення: борщ, картопля́не пюре́, сала́т "Олів'є́".
- Все ві́рно.
- Дя́кую! Борщ бу́де гото́вий че́рез де́сять хвили́н.
- Чудо́во!

- Віта́ю, па́ні! Що бажа́єте?
- Будь ла́ска, ка́ву та лимо́нне ті́стечко.
- Вам ка́ву з молоко́м чи без?
- З молоко́м, будь ла́ска.
- О́тже, ка́ва з молоко́м та лимо́нне ті́стечко.
- Так, дя́кую.

замовляти	to order
замовлення	an order
картопляне пюре	mashed potatoes
бажати	to wish, to want
порадити	to advise
порада	advice
куштувати	to taste
готовий	ready
лимонне тістечко	lemon pastry

6.9 Менí набри́дло ї́сти самí лише́ бутербро́ди, тож я ви́рішила слідкува́ти за свої́м харчува́нням. Тепéр я дотри́муюся здоро́вої діє́ти: кóжного дня я їм бага́то свíжих о́вочів та фру́ктів, кисломолóчних проду́ктів та каш. Кíлька разíв на ти́ждень я готу́ю стра́ви з м'я́сом та ри́бою. Я намага́юся ї́сти мéнше цу́кру та сóлі. Менí подо́бається дотри́муватися при́нципів здоро́вого харчува́ння, я ста́ла набага́то кра́ще себé почува́ти та в мéне з'яви́лося бага́то енéргії. А ще я навчи́лася до́бре готува́ти!

мені набридло	I got bored
самі лише	nothing but
вирішувати	to decide
я вирішила/ я вирішив	I decided (f/m)
слідкувати	to follow, to look after
харчування	nutrition
дотримуватися	to follow
здорова дієта	healthy diet
кисломолочні продукти	cultured dairy products
каша	porridge
намагатися	to try
цукор	sugar
сіль	salt
менше солі	less salt
ставати	to begin
набагато краще	much better
з'являтися	to appear
навчитися	to learn

6.10 На насту́пних вихідни́х я влашто́вую вечі́рку з наго́ди мого́ дня наро́дження. Я запроси́в свої́х дру́зів та ро́дичів. Свя́то в Украї́ні – це за́вжди́ бага́тий стіл. Я пригоща́тиму госте́й стра́вами, які вмі́ю готува́ти найкра́ще. Бу́де бага́то сала́тів зі сві́жих та варе́них о́вочів, бутербро́ди та шашли́к. На десе́рт я приготу́ю вишне́вий пиріг та торт "Наполео́н". З напо́їв я куплю́ газо́вану во́ду та со́ки. Сподіва́юся, що всім сподо́бається.

вихідні	weekend
влаштовувати	to arrange
вечірка	a party
з нагоди	on the occasion
запрошувати	to invite
родичі	relatives
свято	holiday
багатий стіл	abundant table
пригощати	to treat
вишневий пиріг	cherry pie
газована вода	sparkling water
сподіватися	to hope
подобатися	to like

Answer the questions:

1. Яка́ твоя́ улю́блена стра́ва?
2. Яки́й твій улю́блений напі́й?
3. Які́ фру́кти ти лю́биш?
4. Яку́ ї́жу ти люби́в/люби́ла в дити́нстві?
5. Що у те́бе зазвича́й на сніда́нок?
6. Де ти сніда́єш?
7. Де ти купу́єш проду́кти?
8. Що ти лю́биш замовля́ти в рестора́ні?
9. Ти лю́биш готува́ти? Що ти лю́биш готува́ти?
10. Яки́й твій улю́блений десе́рт?

🎧 **Audio** for these and other questions from this book:
www.ukrainianpro.com/workbook-audio

Exercises

1. Open the brackets (in the present tense):

1) Вони́ за́вжди́ (снíдати) вдо́ма.
2) На снiда́нок я (пи́ти) чай.
3) Дíти (їсти) в шкільнíй їда́льні.
4) Вона́ пíзно (вече́ряти).
5) Мій друг (обíдати) на робо́ті.
6) Що Ви (замовля́ти) в рестора́ні?
7) Що ти (пи́ти) вве́чері: чай чи ка́ву?
8) Її ма́ма ду́же сма́чно (готува́ти).
9) Сього́дні я (обíдати) з дру́зями.
10) Ми за́вжди́ (вече́ряти) ра́зом.

2. Що солоне? (What is salty?) Що солодке? (What is sweet?) Що кисле? (What is sour?)

борщ, торт, макаро́ни, лимо́н, котле́та, цуке́рка, шокола́д, кефíр, суп

солóне	солóдке	ки́сле
солóний борщ	солóдкий	

3. Put the nouns in the brackets into the Instrumental case:

1) чай з (бутербро́д)
2) бутербро́д з (сир)
3) м'я́со з (сала́т)
4) варе́ники з (карто́пля)
5) борщ зі (смета́на)
6) ка́ва з (цу́кор)
7) суп з (мо́рква)
8) сала́т з (помідо́ри)
9) ті́стечко з (шокола́д)
10) торт з (горі́хи)

Write down your sentences with these phrases.

6

РОЗДІЛ 7: ОДЯГ ТА ПОГОДА
CLOTHING AND WEATHER

Слова	**Words**
о́дяг	clothes
одяга́тися	to dress
одяга́ти щось	to put on something
носи́ти	to wear
вигляда́ти	to look
примі́ряти	to try on
примі́рочна	fitting room
взуття́	footwear
взува́тися	to put on shoes
кросі́вки	sneakers
ту́флі	shoes
чо́боти	boots
санда́лі	sandals
футбо́лка	T-shirt
ма́йка	singlet
соро́чка	shirt
светр	sweater
ко́фта	blouse
штани́	pants
шо́рти	shorts
джи́нси	jeans
шкарпе́тки	socks
су́кня	dress
спідни́ця	skirt
вишива́нка	embroidered shirt
крава́тка	tie
костю́м	suit
окуля́ри	glasses

ку́ртка	jacket
плащ	raincoat
пальто́	coat
рукави́ці	gloves
шарф	scarf
ша́пка	hat
пана́ма	Panama hat
пого́да	weather
дощ	rain
ві́тер	wind
со́нце	sun
сніг	snow
жа́рко	it's hot
хо́лодно	it's cold
те́пло	it's warm
температу́ра пові́тря	air temperature
прогно́з пого́ди	weather forecast
парасо́лька	umbrella

7

Тексти

7.1 Сього́дні ми купува́ли о́дяг в магази́ні. Оле́ся купи́ла два све́три, спідни́цю, джи́нси та кросі́вки. Богда́н купи́в костю́м та крава́тку. Дмитро́ ви́брав кі́лька га́рних футбо́лок та спорти́вні штани́. А Петро́ нічо́го не купи́в, бо він замовля́є всі ре́чі че́рез Інтерне́т.

кілька гарних футболок   some good T-shirts
спортивні штани   sport pants
замовляти через Інтернет   to order via the Internet

7.2 Прогно́з пого́ди на за́втра, 20 (двадця́те) кві́тня, Ки́їв:
Вра́нці бу́де хма́рно та дощи́тиме, вдень очі́кується
си́льна хма́рність, вве́чері бу́де я́сно. Температу́ра
про́тягом дня: від плюс десяти́ (10) до плюс чотирна́дцяти
(14) гра́дусів по Це́льсію.

хмарно	cloudy
хмарність	cloudiness
дощитиме	will be rainy
очікується	is expected
ясно	clear
протягом дня	during the day

7.3 Діалог "В магазині одягу":

-Скажі́ть, будь ла́ска, скі́льки ко́штує ця футбо́лка?
-Три́ста гри́вень.
-А чи є у Вас ро́змір "М" (ем)?
-Так, звича́йно. Почека́йте, будь ла́ска, я за́раз принесу́.
-Дя́кую.
…
-Про́шу, ось "М".
-Чи мо́жна її примі́ряти?
-Так! Примі́рочна –там.
…
-Мені́ підхо́дить, я беру́ цю футбо́лку.
-До́бре, пройді́ть, будь ла́ска, на ка́су.

коштувати	to cost
розмір	size
чекати	to wait
почекайте	wait (Imperative, 2 pl)
приносити	to bring
підходити	to fit
проходити	to pass, to walk
пройдіть	pass (Imperative, 2 pl)

7.4 Я óбожнюю шóпінг. Коли́ я ходжу́ бутіка́ми та вибира́ю ре́чі, я забува́ю про всі пробле́ми. Мину́лого ти́жня я купи́ла п'я́ть спідни́ць, три кофти́нки, де́кілька футбо́лок та дві па́ри взуття́. Моя́ ша́фа вже по́вна, але́ я продо́вжую купува́ти ре́чі. Я розумі́ю, що це вже пробле́ма, а́дже я витрача́ю забага́то гро́шей. Мої́ дру́зі ра́дять мені́ знайти́ якéсь хо́бі.

шопінг	shopping
бутік	boutique
обирати	to choose
забувати	to forget
я купила/ я купив	I bought
купувати	to buy
кофтинка (кофта)	blouse
пара взуття	pair of shoes
продовжувати	to continue
витрачати гроші	to spend money
радити/порадити	to advise,to recommend

7.5 Щоб почува́тися комфо́ртно, важли́во одяга́тися по пого́ді. Якщо́ надво́рі спеко́тне лі́то, то я одяга́ю шо́рти, футбо́лку, пана́му та взува́ю санда́лі. Якщо́ це прохоло́дна о́сінь або́ весна́, я одяга́ю джи́нси, светр, ку́ртку та чо́боти та беру́ з собо́ю парасо́льку. Взи́мку я ношу́ те́пле пальто́, ша́пку, шарф і рукави́ці та взува́ю те́пле зимо́ве взуття́.

почуватися	to feel
комфортно	comfortably
важливо	it's important
одягатися по погоді	to dress for the weather
надворі	outside
спекотн**ий**/а/е/і	hot (m/f/n/pl)
прохолодн**ий**/а/е/і	cool (m/f/n/pl)
брати з собою	to take with you

Що?	Коли?	Який?
літо	влітку	літній
осінь	восени	осінній
зима	взимку	зимовий
весна	весною	весняний

Наприклад:
літній дощ
осінній день
зимові місяці
весняний настрій

7.6 В моє́му гардеро́бі є о́дяг на рі́зні ви́падки життя́: класи́чний костю́м та крава́тку я одяга́ю в о́фіс, шо́рти та футбо́лку – на пляж. Коли́ я зустріча́юся з дру́зями, я, як пра́вило, одяга́ю джи́нси та соро́чку. Та́ко́ж у ме́не є вишива́нка для урочи́стих поді́й. Вишива́нка – це украї́нський націона́льний о́дяг, ду́же га́рна ви́шита соро́чка.

гардероб	clothes
випадок	case, occasion
різні випадки життя	various occasions
класичний костюм	classic suit
пляж	beach
урочисті події	festive events
вишита сорочка	embroidered shirt

7.7 Коли́ я була́ мале́нькою, мені́ подо́балося носи́ти яскра́ві су́кні з малю́нками та ходи́ти босо́ніж. За́раз я ви́росла, але́ мої́ смаки́ не зміни́лися. Я відчува́ю, що о́дяг вплива́є на мій на́стрій, тому́ для ме́не важли́во одяга́ти те, що мені́ подо́бається. Але́ перш за все о́дяг ма́є бу́ти зручни́м та ба́жано з натура́льних ткани́н.

я була/ я був	I was (f/m)
бути	to be
яскрав**ий**/а/е/і	bright (m/f/n/pl)
малюнок	picture
ходити босоніж	to walk barefoot
виростати/ вирости	to grow
я виросла/ я виріс	I grew up (f/m)
смаки	tastes
змінюватися	to change
для мене важливо	important for me
перш за все	primarily
має бути	must be
зручн**ий**/а/е/і	comfortable (m/f/n/pl)
бажано	preferably
натуральні тканини	natural fabrics

7.8 Вчо́ра в на́шому торго́вому це́нтрі був вели́кий розпро́даж о́дягу та взуття́. Ми скориста́лися ціє́ю можли́вістю, щоб купи́ти все необхі́дне для на́шої роди́ни. Для моє́ї ма́ми ми придба́ли га́рні зимо́ві ко́фти, для мого́ ба́тька – класи́чний костю́м та кі́лька футбо́лок. Собі́ я купи́в соро́чку та санда́лі, сестрі́ – шарф та ша́пку. Я задово́лений, що ми сходи́ли на розпро́даж, бо ми до́бре заоща́дили.

торговий центр (ТЦ)	shopping center, mall
розпродаж	sale
скористатися можливістю	to seize the opportunity
все необхідне	all the necessary
кілька футболок	several T-shirts
я задоволен**ий**/а	I'm satisfied (m/f)
ходити/сходити	to go
заощаджувати	to save

7.9 В Украïні – холо́дна зима́ і те́пле лі́то. Взи́мку – моро́з та йде́ сніг. Влі́тку буває ду́же спеко́тно – ïноді до тридцяти́ (30) гра́дусів по Це́льсію. Весно́ю йду́ть зли́ви з гро́зами, мо́же бу́ти і те́пло, і хо́лодно. О́сінь – та́ко́ж сезо́н дощі́в. Восени́ ли́стя на дере́вах змі́нює ко́лір та опада́є, взи́мку дере́ва стоя́ть го́лі, а весно́ю з'явля́ється молоде́ ли́стя та кві́ти.

моро́з	frost
йде сніг	it's snowing
йде злива	it's downpouring
йде дощ	it's raining
спекотно	it's hot
сезон дощів	rainy season
листя	foliage
змінювати колір	to change color
голі дерева	bare trees
з'являтися/ з'явитися	to appear
молоде листя	young leaves
кві́ти	flowers
кві́тка	flower

7.10 Компліменти про зовнішній вигляд

1) Вам ду́же пасу́є цей костю́м!
2) Тобі́ пасу́є цей ко́лір!
3) Приві́т! Чудо́во вигляда́єш!
4) Тобі́ ли́чить ця соро́чка!
5) Вам ли́чать ці сере́жки!
6) Ти ду́же га́рно вигляда́єш в цьо́му піджаку́!
7) У те́бе бездога́нний ви́гляд!
8) У те́бе така́ елега́нтна су́кня!

1) This suit looks very good on you!
2) You look good in this color!
3) Hello! You look great!
4) This shirt looks good on you!
5) These earrings look nice on you!
6) You look very good in this jacket!
7) You look perfect!
8) Your dress is so elegant!

7

Answer the questions:

1. Де ти купу́єш о́дяг?
2. Тобі́ подо́бається купува́ти о́дяг?
3. Ти ди́вишся прогно́з пого́ди?
4. Яки́й о́дяг ти но́сиш взи́мку?
5. Яка́ твоя́ улю́блена пого́да?
6. Тобі́ подо́бається дощ?
7. Яка́ пого́да в твоє́му мі́сті влі́тку?
8. Яки́й о́дяг ти носи́в/носи́ла в дити́нстві?
9. У те́бе є парасо́лька?
10. Ти купу́єш о́дяг в Інтерне́ті?

🎧 **Audio** for these and other questions from this book:
www.ukrainianpro.com/workbook-audio

Exercises

1. Match the clothes and the weather:

1) Футбо́лка, шо́рти, пана́ма та санда́лі.
2) Плащ, чо́боти та парасо́лька.
3) Пальто́, рукави́ці, шарф і ша́пка.
4) Костю́м, соро́чка та крава́тка.
5) Спорти́вні штани́ та кросі́вки.
6) Джи́нси та футбо́лка.

а) Холо́дний зимо́вий день.
б) Жа́ркий лі́тній день.
в) Дощова́ пого́да.
г) Неформа́льна зу́стріч.
ґ) Спорти́вне тренува́ння.
д) Ділова́ зу́стріч.

2. Which word doesn't fit?

1) си́ній, зеле́ний, комфо́ртний, черво́ний, жо́втий
2) бе́резень, о́сінь, весна́, лі́то, зима́
3) кросі́вки, санда́лі, чо́боти, ту́флі, су́кні
4) штани́, ма́йка, шо́рти, джи́нси
5) окуля́ри, светр, шкарпе́тки, су́кня, пальто́
6) дощ, ві́тер, сніг, ша́пка, моро́з

3. Make the sentences:

1) Я – купува́ти – о́дяг – в – магази́н.
2) Він – хоті́ти – приміря́ти – ця – футбо́лка.
3) Влі́тку – я – носи́ти – шо́рти – та – санда́лі.
4) Він – одяга́ти – ділови́й – костю́м – на – робо́та.
5) Мій – по́друга – люби́ти – купува́ти – о́дяг – в – Інтерне́т.

4. Put the adjectives into the correct form:

1) (те́плий) день
2) (га́рний) пого́да
3) (весня́ний) дощ
4) (весе́лий) на́стрій
5) (спеко́тний) краї́на
6) (натура́льний) ткани́ни
7) (кори́чневий) джи́нси
8) (те́плий) штани́
9) (фіоле́товий) спідни́ця
10) (зручни́й) о́дяг

РОЗДІЛ 8: ЩОДЕННІ СПРАВИ
DAILY AFFAIRS

Слова	Words
прокида́тися	to wake up
встава́ти	to get up
умива́тися	to wash the face
прийма́ти душ	to take a shower
чи́стити зу́би	to brush one's teeth
роби́ти заря́дку	to exercise
одяга́тися	to dress
готува́ти сніда́нок	to cook breakfast
вигу́лювати соба́ку	to walk a dog
годува́ти соба́ку/кота́	to feed a dog/cat
йти́ на робо́ту	to go to work (by foot)
ї́хати на робо́ту	to go to work (by transport)
почина́ти робо́ту	to start working
закі́нчувати робо́ту	to finish working
поверта́тися додо́му	to return home
прибира́ти	to clean up
ми́ти по́суд	to wash the dishes
пра́ти	to launder
виві́шувати біли́зну	to hang laundry
полива́ти кві́ти	to water plants
чита́ти пе́ред сном	to read before bedtime
чита́ти по́шту	to read mail
працюва́ти за комп'ю́тером	to work on computer
заряджа́ти телефо́н	to charge the phone
ляга́ти спа́ти	to go to bed

Як ча́сто?

ча́сто

і́нколи = іноді

рі́дко

час від ча́су

за́вжди́

зазвича́й

ніко́ли

How often?

often

sometimes

rarely

from time to time

always

usually

never

Як ча́сто?

ча́сто

і́нколи = іноді

рі́дко

час від ча́су

за́вжди́

зазвича́й

How often?

often

sometimes

rarely

from time to time

Тексти

8.1 Вра́нці я прокида́юся, встаю́ та роблю́ заря́дку. По́тім я умива́юся та прийма́ю душ. Пі́сля цьо́го я готу́ю сніда́нок та снідаю. На сніда́нок у ме́не зазвича́й чай або ка́ва та бутербро́ди, йо́гурт та фру́кти. Пі́сля сніда́нку я одяга́юся і йду́ на робо́ту. Пі́сля робо́ти я вече́ряю в рестора́ні або вдо́ма. Якщо́ я вече́ряю в рестора́ні, то по́тім я йду́ в кіно́ з дру́зями. Якщо́ я вече́ряю вдо́ма, то я одра́зу ляга́ю спа́ти.

вранці	in the morning
після цього	after that
одразу	immediately

прокидатися – to wake up (the present tense)

я прокидаюся	ми прокидаємося
ти прокидаєшся	ви прокидаєтеся
він, вона прокидається	вони прокидаються

8.2 Я за́вжди́ прокида́юся ду́же ра́но, о шо́стій годи́ні. Я встаю́, умива́юся та чи́щу зу́би. По́тім я займа́юся йо́гою та прийма́ю душ. Пі́сля сніда́нку я ї́ду на робо́ту. Я прово́джу в о́фісі ці́лий день, тому́ в о́бід я намага́юся ви́йти погуля́ти по па́рку. Вве́чері я поверта́юся додо́му. Вдо́ма я вече́ряю та відпочива́ю – чита́ю кни́ги або́ дивлю́ся фі́льми. О деся́тій я вже ляга́ю спа́ти.

рано	early
о шостій годині	at six o'clock
займатися йогою	to practice yoga
проводити день	to spend the day
цілий день	all day
в обід	in the afternoon
намагатися	to try
вийти /виходити	to go out
гуляти/погуляти	to walk
по парку	in the park
о десятій	at ten (o'clock)

8.3 По субо́тах я зазвича́й займа́юся дома́шніми
спра́вами. Я прибира́ю свій дім: ми́ю підло́гу та витира́ю
пил. По́тім полива́ю кві́ти, перу́ та виві́шую білизну
суши́тися. Я запуска́ю пра́льну маши́ну кілька разі́в, щоб
ви́прати весь брудни́й о́дяг. Пі́сля цьо́го я ї́ду в
супермá́ркет та купу́ю проду́кти. Вве́чері я відпочива́ю –
– зустріча́юся з дру́зями або́ ката́юся на велосипе́ді.

домашні справи	household chores
мити підлогу	to wash a floor
я мию	I wash
витирати пил	to wipe dust
прати	to launder
я перу	I launder
сушитися	to dry
запускати пральну	to run the washing
машину	machine
кілька разів	several times
брудний одяг	dirty clothes

по понеділках	on Mondays
по вівторках	on Tuesdays
по середах	on Wednesdays
по четвергах	on Thursdays
по п'ятницях	on Fridays
по суботах	on Saturdays
по неділях	on Sundays

8

8.4 Сього́дні я проки́нувся пізні́ше, ніж зазвича́й. Мабу́ть, я не почу́в буди́льник. Я зрозумі́в, що запізнююся на робо́ту. Я ду́же шви́дко одягну́вся, взяв із собо́ю бутербро́д та ви́йшов з до́му. Зві́сно, я не встиг зроби́ти ранко́ву заря́дку та посні́дати. Але́ мені́ пощасти́ло прої́хати без зато́рів, тож я ма́йже не запізни́вся. Коли́ я ввє́чері йшо́в додо́му, я зайшо́в в магази́н та купи́в нови́й ду́же гучни́й буди́льник.

пізніше	later
мабуть	perhaps
чути/почути	to hear
будильник	alarm-clock
я зрозумів/ зрозуміла	I understood (m/f)
запізнюватися на роботу	to be late for work
швидко	quickly
одягатися	to dress
я взяв/ взяла із собою	I took with me (m/f)
брати	to take
звісно	of course
я не встиг/ встигла	I did not have time (m/f)
встигати	to have time
ранкова зарядка	morning exercises
мені пощастило	I was lucky
проїжжати	to pass
затор	traffic jam
гучний	loud

8.5 Вчóра булá недíля, вихідни́й день. Я проки́нулася, побíгала в пáрку, поснíдала в кафé та пішлá додóму. Вдóма я прочитáла свою пóшту, відповілá на дéякі листи́ та дочитáла кни́гу. В обíд ми зустрíлися з дрýзями та пішли́ на концéрт джáзової мýзики. Концéрт був чудóвий. Я повернýлася додóму пíзно, алé ще попрацювáла трóхи за комп'ю́тером. Зáвтра зрáнку менí на робóту.

йти додому	to go home
відповідати на листи	to answer letters
дочитувати	to read till the end
джазова музика	jazz music
пізно	late
трохи	a little
мені на роботу	I have to go to work
я прокинулася/ прокинувся	I woke up (f/m)
я побігала/ побігав	I jogged (f/m)
я поснідала/ поснідав	I had a breakfast (f/m)
я пішла/ пішов	I went (f/m)
я прочитала/ прочитав	I read (f/m)
я відповіла/ відповів	I replied (f/m)
я повернулася/ повернувся	I returned (f/m)
я попрацювала/ попрацював	I worked (f/m)

8.6 Щора́нку я прокида́юся о шо́стій та готу́ю сніда́нок. Мої́ ді́ти встаю́ть о сьо́мій, сні́дають, одяга́ються та збира́ють портфе́лі. О во́сьмій я проводжа́ю їх до шко́ли, а сама́ ї́ду на робо́ту. Під час обі́дньої пере́рви я їм та слу́хаю аудіокни́гу. Зі шко́ли діте́й забира́є мій чолові́к. Я поверта́юся додо́му десь о шо́стій та ми всі вечеря́ємо. Пе́ред сном я чита́ю ді́тям кни́гу. О деся́тій ми ляга́ємо спа́ти.

щоранку	every morning
збирати портфель	to pack a school bag
проводжати	to accompany
обідня перерва	a lunch break
слухати аудіокнигу	to listen to an audiobook
забирати зі школи	to take from school
повертатися додому	to come back home
перед сном	before bedtime

 Петро́ – мій друг, він навча́ється в університе́ті та живе́ у гурто́житку. Вчо́ра Петро́ жалі́вся мені́ на свого́ сусі́да по кімна́ті Павла́. Петро́ розпові́в, що Павло́ – ду́же неоха́йний хло́пець. Він ніко́ли не ми́є по́суд та не прибира́є свої ре́чі. На його́ столі́ за́вжди́ бе́злад, під його́ лі́жком – товсти́й шар пи́лу. Петро́ві ва́жко жи́ти з таки́м сусі́дом, йому́ дово́диться прибира́ти за двох. Я пора́дила йому́ поговори́ти з Павло́м на цю те́му та зроби́ти гра́фік прибира́нь.

гуртожиток	students hostel
він жалівся	he complained/ he was complaining
жалітися	to complain
сусід по кімнаті	roommate
неохайн**ий**/а/е/і	untidy (m/f/n/pl)
безлад	a mess
товстий шар пилу	a thick layer of dust
важко	hard
за двох	of two
радити/порадити	to advise, to recommend
поговорити на цю тему	to talk on this topic
графік прибирань	a cleaning schedule

8.8 У нас вели́кий буди́нок, в яко́му бага́то робо́ти, тож ко́жен ма́є свої обо́в'язки. Моя́ ма́ма готу́є ї́жу, мій ба́тько пилосо́сить та ми́є підло́гу. Моя́ сестра́ догляда́є за са́дом та газо́ном. Мій брат купу́є проду́кти, а я вигу́люю та году́ю на́шу соба́ку. До́бре, що в нас є суча́сна побуто́ва те́хніка, що зна́чно поле́гшує життя́. По субо́тах ми всі разо́м ро́бимо генера́льне прибира́ння. Відпочива́ємо ми та́ко́ж разо́м: йдемо́ на пікні́к або́ на прогу́лянку по мі́сту.

обов'язки	duties
пилососити	to vacuum
мити підлогу	to wash the floor
доглядати за садом	to take care of the garden
газон	a lawn
годувати	to feed
сучасний	modern
побутова техніка	household appliances
значно	considerably
полегшувати життя	to make life easier
генеральне прибирання	a spring cleaning

8.9 Я – фріла́нсер та працю́ю вдо́ма. Ці́лий день я сиджу́ за комп'ю́тером. Ко́жні дві годи́ни я роблю́ коро́ткі пере́рви, щоб відпочи́ти та відволікти́ся. Під час пере́рви я їм та роблю́ дома́шні спра́ви: запуска́ю пра́льну маши́ну, виві́шую біли́зну, пилосо́шу, витира́ю пил та полива́ю кві́ти. Вве́чері вся робо́та ви́конана і я мо́жу відпочи́ти. Оскі́льки я працю́ю вдо́ма, то відпочива́ти я намага́юся де́інде.

фрілансер	freelancer
цілий день	all the day
кожні дві години	every two hours
перерва	break
коротк**ий**/а/е/і	short (m/f/n/pl)
відволікатися	to distract
виконаний	accomplished
виконувати	to perform, to do
оскільки	because, as long as
намагатися	to try
деінде	somewhere else

8

8.10 Сього́дні я поча́в роби́ти прибира́ння, але́ зрозумі́в,
що мені́ для цьо́го не вистача́є де́яких необхі́дних рече́й.
Тож я сів у маши́ну та пої́хав в магази́н. Там я купи́в
ганчі́рки, щі́тку, відро́, таз та за́соби для прибира́ння: за́сіб
для миття́ ві́кон, за́сіб для миття́ підло́ги, пра́льний
порошо́к, за́сіб для миття́ по́суду та за́сіб для миття́
туале́ту. По́тім я поверну́вся додо́му та до́бре прибра́в.

ганчірка	a rag
щітка	a brush
відро	a bucket
таз	a basin, bowl
засіб для миття вікон	window cleaning detergent
засіб для миття підлоги	floor cleaning detergent
пральний порошок	laundry detergent
засіб для миття посуду	dishwashing detergent
засіб для миття туалету	toilet cleaning detergent
я почав/ почала	I started (m/f)
я зрозумів/ зрозуміла	I realized (m/f)
я сів/ сіла	I sat down (m/f)
я поїхав/ поїхала	I went (m/f)
я купив/ купила	I bought (m/f)
я повернувся/ повернулась	I returned (m/f)
я прибрав/ прибрала	I cleaned up (m/f)

Answer the questions:

1. Що ти лю́биш роби́ти вра́нці?
2. Що ти лю́биш роби́ти вдень?
3. Що ти лю́биш роби́ти вве́чері?
4. Що ти ро́биш щодня́?
5. Що ти ро́биш ча́сто?
6. Як ча́сто ти працю́єш за комп'ю́тером?
7. Як ча́сто ти гуля́єш в па́рку?
8. Як ча́сто ти чита́єш кни́ги?
9. Де ти зазвича́й сніда́єш/обі́даєш/вечеря́єш?
10. Що ти ро́биш пі́сля сніда́нку?

8

🎧 **Audio** for these and other questions from this book:
www.ukrainianpro.com/workbook-audio

Exercises

1. Write the verbs in the brackets in the present tense:

1) Мій друг завжди́ (прокида́тися) ра́но.
2) Він ніко́ли не (роби́ти) заря́дку.
3) Ми ча́сто (сні́дати) в кафе́.
4) Зазвича́й мої́ дру́зі (вече́ряти) вдо́ма.
5) Гали́на (працюва́ти) в о́фісі ці́лий день, вона́ (обі́дати) на робо́ті.
6) Я завжди́ (прийма́ти) душ вранці.
7) Він (готува́ти) смачни́й сніда́нок.
8) Ми бага́то (працюва́ти) та га́рно (відпочива́ти).
9) Де Ви (вече́ряти) зазвича́й?
10) Мої́ дру́зі бага́то (чита́ти).

2. Match the words and write your sentences with the pairs:

1) вихідни́й   а) душ
2) прийма́ти   б) робо́ту
3) джа́зова   в) день
4) закі́нчувати   г) зу́би
5) чи́стити   ґ) му́зика

3. Here are some sentences about Taras. And how about you?

Model: Тара́с щодня́ ро́бить заря́дку.
- Я теж щодня́ роблю́ заря́дку.
- А я ніко́ли не роблю́ заря́дку.
- Я і́ноді роблю́ заря́дку.

1) Тара́с щодня́ вигу́лює соба́ку.
2) Тара́с щодня́ прийма́є душ та чи́стить зу́би.
3) Тара́с прокида́ється ра́но вра́нці.
4) Тара́с за́вжди́ сні́дає вдо́ма.
5) Тара́с відпочива́є пі́сля робо́ти.
6) Тара́с щодня́ хо́дить в кіно́ з дру́зями.
7) Тара́с зазвича́й вечо́ряє в рестора́ні.
8) Тара́с працю́є в о́фісі.

РОЗДІЛ 9: ЗОВНІШНІСТЬ ТА ХАРАКТЕР
APPEARANCE AND CHARACTER

Слова	Words
зо́внішність	appearance
га́рний	beautiful
висо́кий	high
низьки́й	low, short
худи́й	thin
товсти́й	fat
стрункий	slender, slim
огря́дний	obese
молоди́й	young
стари́й	old
сере́днього ві́ку	middle aged
обли́ччя	**face**
приє́мне	pleasant
прива́бливе	attractive
чоло́	**forehead**
висо́ке	high/ tall
низьке́	low
о́чі	**eyes**
сві̂тлі	light
те́мні	dark
блаки́тні	blue
зеле́ні	green
ка́рі	brown
бро́ви	**eyebrows**
густі̂	thick
рідкі̂	rare

вíї	eyelashes
дóвгі	long
корóткі	short
щóки	**cheeks**
рожéві	pink
блідí	pale
вýха	**ears**
велúкі	big
малéнькі	small
ніс	**nose**
прямúй	straight
кирпáтий	snub
грéцький	Greek
орлúний	aquiline
волóсся	**hair**
дóвге волóсся	long hair
корóтке волóсся	short hair
прямé волóсся	straight hair
кучерáве волóсся	curly hair
свíтле волóсся	blonde hair
він/вонá (блондúн/ка)	he/ she is blonde
каштáнове волóсся	brown hair
брюнéт(ка),	brunette
тéмне волóсся	dark hair
рудé волóсся	red hair
лúсий	bald
фарбувáти волóсся	to dye hair
нáстрій	**mood**
мáти гáрний нáстрій	to have a good mood
мáти погáний нáстрій	to have a bad mood
весéлий	cheerful
сумнúй	sad
щаслúвий	happy

9

неща́сний	unhappy
серди́тий	angry
споко́йний	calm
запальни́й	bad tempered
імпульси́вний	impulsive
енерґі́йний	energetic, active
злий	evil
до́брий	good

Речення:

Як він вигляда́є?	What does he look like?
Як вона́ вигляда́є?	What does she look like?
Як вигляда́є твоя́ сестра́?	What does your sister look like?
Яко́го ко́льору в не́ї о́чі?	What color are her eyes?
В не́ї блаки́тні о́чі.	She has blue eyes.
Яко́го ко́льору у те́бе о́чі?	What color are your eyes?
Які́ в ньо́го о́чі?	What eyes does he have?
В не́ї приє́мна зо́внішність.	She looks nice.
В ньо́го приє́мна зо́внішність.	He looks nice.
Вона́ – ду́же прива́блива дівчина.	She is a very attractive girl.
Він – ду́же га́рний хло́пець.	He is a very nice guy.
Ти чудо́во вигляда́єш!	You look great!
Ти га́рно вигляда́єш!	You look good!
Яки́й в ньо́го/в не́ї хара́ктер?	What is he/she like?
В ньо́го/в не́ї споко́йний хара́ктер.	He/she has a calm nature.
В ньо́го/в не́ї запальни́й хара́ктер.	He/she is bad-tempered.

Тексти

9.1 Це О́льга. Вона́ весе́ла та розу́мна ді́вчина. Вона́ невисо́ка та струнка́. В не́ї до́вге сві́тле воло́сся. У О́льги ду́же приє́мне обли́ччя: вели́кі блаки́тні о́чі, висо́ке чоло́, до́вгі ві́ї та мале́нький ніс. Що́ки в не́ї за́вжди рожеві́. Але́ головне́, що О́льга – хоро́ша люди́на.

розумн**ий**/а/е/і	clever (m/f/n/pl)
невисок**ий**/а/е/і	not high (m/f/n/pl)
завжди	always
головне	the main thing
хороша людина	good person

9.2 Мій найкра́щий друг – Яросла́в. Він висо́кий та худи́й. У ньо́го те́мне воло́сся, ка́рі о́чі, висо́ке чоло́ та густі́ бро́ви. У Яросла́ва ду́же приє́мний хара́ктер. Він до́брий та весе́лий, ма́йже за́вжди́ ма́є га́рний на́стрій. Звича́йно, і́ноді і він сумує́, але́ це трапля́ється не ча́сто.

найкращий	best
майже	almost
звичайно	of course
сумувати	to be sad
це трапляється	it happens
іноді	sometimes
не часто	not often

9.3 Мою́ сестру́ зва́ти Світла́на. Вона́ га́рна та розу́мна дівчина. В не́ї коро́тке кучеря́ве воло́сся кашта́нового ко́льору, ка́рі о́чі та висо́ке чоло́. В не́ї до́вгі вії, рідкі́ бро́ви та кирпа́тий ніс. Фігу́ра в не́ї теж га́рна – Світла́на струнка́ та висо́ка. А от хара́ктер в не́ї важки́й. Вона́ запальна́ та імпульси́вна, ча́сто зли́ться. Але́ я все одно́ її ду́же люблю́.

розумн**ий**/а/е/і	clever, intelligent (m/f/n/pl)
фігура	figure, form
важкий характер	difficult character
злитися	to be angry
все одно	anyway

9.4 Менí подóбається спостерігáти за людьми́ на вýлиці. Ось йде молодá дíвчина, в нéї гáрний нáстрій, вонá посміхáється. А он на лáві сиди́ть стари́й си́вий чоловíк та читáє газéту. Он жíнка серéднього вíку куди́сь поспішáє з пóвними пакéтами продýктів. А он молодá пáра йде повíльно і не помічáє нічóго навкóло. Ось побíгли дíти зі шкóли, обли́ччя в них щасли́ві.
Це так цікáво – роздивля́тися людéй!

спостерігати	to observe, to watch
посміхатися	to smile
лава, лавка	bench
сиве волосся	gray hair
ось	here
он	there
поспішати	to hurry
повний пакет	full package
пара	couple
повільно	slowly
помічати	to notice
навколо	around
бігати	to run
роздивлятися	to examine

9.5 Дивı́ться, це – фо́то моє́ї роди́ни. Цей си́вий усмı́хнений чоловı́к – мій діду́сь. А ця старе́нька жı́нка – моя́ бабу́ся. Ця га́рна висо́ка жı́нка – моя́ ма́тір, а цей огря́дний чоловı́к – мій ба́тько. Весе́ла руда́ дı́вчинка – то моя́ моло́дша сестри́чка Катери́на. Висо́кий хло́пчик з зеле́ними очи́ма – мій ста́рший брат Славко́, а низе́нький хло́пчик з блаки́тними очи́ма – мій моло́дший бра́тик Петро́. А цей похму́рий хло́пчик з густи́ми брова́ми – це я.

дивіться	look (Imperative, 2 pl)
усміхнений	smiling
усміхатися	to smile
старенький (старий)	old
сестричка	sister (diminutive form)
братик	brother (diminutive form)
низенький (низький)	low
похмурий	gloomy
хлопчик	boy

9.6 Ча́сто суча́сні жінки́ користу́ються космéтикою, щоб вигляда́ти прива́бливо. Чи не в кóжної дíвчини є губна́ пома́да та туш для вій. За́раз мóжна лéгко зміни́ти кóлір волóсся – продаю́ться фа́рби для волóсся на будь яки́й смак. Ла́ки для нíгтів допомóжуть зроби́ти га́рний манікю́р. Окрíм декорати́вної космéтики, є ще бéзліч за́собів для дóгляду за тíлом, обли́ччям та волóссям. Вигляда́ти га́рно в суча́сному свíті – лéгше, ніж це булó в мину́лому.

користуватися	to use
чи не в кожної	almost every
кожен	each, every
губна помада	lipstick
туш для вій	mascara
змінювати/змінити	modify, change
фарба для волосся	hair dye
на будь який смак	for every taste
лак для нігтів	nail polish
манікюр	manicure
окрім	except
декоративна косметика	decorative cosmetics
безліч	a lot of
засіб для догляду за тілом	body care product
виглядати гарно	to look good
сучасний світ	modern world
минуле	the past

9.7 В моїй роди́ні тро́є діте́й, я – найста́рший. Я бі́льше схо́жий на ма́тір, а мої брат та сестра́ бі́льше схо́жі на ба́тька.В моє́ї сестри́ блаки́тні ба́тькові о́чі, сві́тле воло́сся та кирпа́тий но́сик як у ба́тька. У мого́ бра́та таке́ са́ме воло́сся, але́ ма́мин орли́ний ніс. Ми з ма́мою ду́же схо́жі: у нас обо́х висо́ке чоло́, тонкі ґу́би, зеле́ні о́чі та орли́ний ніс. Мені́ всі ка́жуть: "Ти – ма́мина ко́пія".

найстарший	the eldest
бути схожим на	to be like
батькові очі	father's eyes
мамині очі	mother's eyes
таке саме	the same (n)
такий самий	the same (m)
така сама	the same (f)
копія	a copy

9.8 В мого́ ново́го знайо́мого ду́же прие́мна зо́внішність. Він молоди́й хло́пець висо́кого зро́сту, струнки́й та га́рно одя́гнений. В ньо́го широ́ке обли́ччя, ка́рі о́чі, густі́ бро́ви та прями́й ніс. Ще у ньо́го невели́кі ву́ха та те́мне праме́ воло́сся. Він мені́ спра́вді ду́же сподо́бався і я б хоті́ла познайо́митися з ним бли́жче та дізна́тися, чи він хоро́ша люди́на.

знайомий	acquainted
широке обличчя	broad face
сподобатися	to like
познайомитися ближче	to get to know smb. better
дізнатися	to find out, to learn
я б хотіла/ хотів	I would like (f/m)

9.9 Ми з дру́зями захо́димо в кафе́. Виявля́ється, що я зна́ю багатьо́х люде́й, що тут прису́тні. Я розповіда́ю дру́зям: "Той стари́й чолові́к, яко́го ви ба́чите за сусі́днім сто́ликом – акто́р Ки́ївського теа́тру о́пери та бале́ту. Жі́нка, що по́руч з ним – його́ дружи́на, теж акто́рка. Там, за сто́ликом бі́ля вікна́ сидя́ть місце́ві музика́нти. Висо́кий хло́пець з до́вгим воло́ссям – гітари́ст. А та руда́ ді́вчина бі́ля ба́рної сті́йки – моя́ сусі́дка."

ми заходимо	we are coming in
заходити	to come in
виявиляється	it turns out
присутній	is present
барна стійка	bar counter
сусідній столик	next table
сусід, сусідка	neighbor (m,f)

9.10 Моя́ по́друга вважа́є, що зо́внішній ви́гляд важли́вий. Наві́ть якщо́ лю́ди бі́льше ціну́ють вну́трішній світ, вони́ все одно́ підсвідо́мо хо́чуть спілкува́тися з людьми́ з приє́мною зо́внішністю. Приро́дна краса́ – це не найважливі́ше, ка́же вона́. Важли́вим є те, як люди́на дба́є про се́бе. Адже́ люди́на, що веде́ здоро́вий спо́сіб життя́ – більш енерґі́йна та до́бра. Моя́ по́друга ствє́рджує, що відві́дування басе́йну, заня́ття йо́гою та ката́ння на велосипе́ді допомага́ють їй га́рно вигляда́ти.

я вважаю	I think, I consider
зовнішній вигляд	appearance
навіть	even
адже	in fact
цінувати	to appreciate
внутрішній світ	inner world
підсвідомо	subconsciously
підсвідомість	subconscious
важливо	important
дбати про себе	to take care of yourself
енергійний	energetic
стверджувати	to affirm
басейн	swimming pool
допомагати	to help

9

Answer the questions:

1. Яко́го ко́льору у те́бе о́чі?
2. Яки́й хара́ктер в твого́ найкра́щого дру́га?
3. Коли́ у те́бе га́рний на́стрій?
4. Коли́ у те́бе пога́ний на́стрій?
5. Коли́ лю́ди бува́ють весе́лими?
6. Коли́ лю́ди бува́ють сумни́ми?
7. Що ро́бить тебе́ енерґі́йним/ енерґі́йною?
8. Що ти ро́биш, коли́ тобі́ су́мно?
9. Що ро́бить тебе́ щасли́вим/ щасли́вою?
10. Для те́бе важли́ва зо́внішність? Чому́?

🎧 **Audio** for these and other questions from this book:
www.ukrainianpro.com/workbook-audio

Exercises

1. Кого ти бачиш? (Who do you see?) Put the phrases into the Accusative case:

Я бáчу:

1) гáрна спокíйна дíвчина
2) висóкий сумнúй хлóпець
3) старúй дідýсь
4) мoï старí дрýзі
5) висóка огрядна жíнка
6) молодá привáблива дíвчина
7) дóбра енергíйна бабýся
8) малéнький весéлий хлóпчик
9) щасливі дíти
10) сíрі велúкі слонú

2. Who is who? Find the descriptions of these people:

1) У нього пряме́ коро́тке воло́сся, невели́кий ніс, мале́нький рот та ву́ха.

2) У не́ї кру́гле обли́ччя, до́вгі ві̃ї, мале́нькі ву́ха та коро́тке кучеря́ве воло́сся.

3) Її воло́сся пряме́, до́вге та світле. У не́ї вели́кі о́чі, прями́й ніс та тонкі̃ ві̃ї.

4) У нього кру́гле обли́ччя, коро́тке те́мне воло́сся, ву́са та мо́дна борода́.

5) У нього те́мне коро́тке воло́сся, вели́кий кирпа́тий ніс. Він лю́бить носи́ти сере́жки.

6) У не́ї те́мне воло́сся та мале́нький ніс. У не́ї пога́ний зір, тому́ вона́ но́сить окуля́ри. Сього́дні вона́ вто́млена.

РОЗДІЛ 10: ТРАНСПОРТ ТА ПОДОРОЖІ
TRANSPORT AND TRAVEL

Слова

Words

Слова	Words
подорожувáти	to travel
мандрувáти	to travel
краї́на	country
літáк	plane
аеропóрт	airport
рейс	flight
прями́й рейс	direct flight
пересáдка	transfer, change (of carriage/train)
залізни́ця	railroad
пóтяг	train
вокзáл	railway station
стáнція	station
автóбус	bus
автовокзáл	bus station
зупи́нка	a stop
корабéль	ship
порт	port
маши́на	car
стоя́нка	parking
подорожувáти літакóм	to travel by plane
шви́дко	quickly
повíльно	slowly
комфóртно	comfortable
некомфóртно	uncomfortable
безпéчно	safely

небезпе́чно	dangerously
багáж	baggage
валíза	suitcase
квитóк	ticket
пасажи́р	passenger
забронювáти	to reserve, to book
готéль	hotel
нóмер в готéлі	hotel room
банкомáт	ATM
сейф	a safe
меди́чна страхóвка	health insurance

Тексти

10.1 Подорожува́ти мо́жна маши́ною, авто́бусом, по́тягом, літако́м чи пі́шки. Квитки́ на будь-яки́й вид тра́нспорту мо́жна купи́ти в ка́сі або́ онла́йн. Для дале́ких подоро́жей на і́нші контине́нти лю́ди зазвича́й обира́ють літа́к чи корабе́ль. Для близьки́х пої́здок мо́жна скориста́тися залізни́цею або́ автотра́нспортом.

пішки	on foot
будь-який	any
вид транспорту	mean of transport
каса	ticket window
далека подорож	long journey
поїздка	a trip
скористатися	to use
автотранспорт	road transport

10.2 Мій улю́блений вид тра́нспорту – літа́к. Мені́ подо́бається атмосфе́ра в аеропорта́х. Зві́сно, реєстра́ція на рейс та па́спортний і ми́тний контро́ль забира́ють бага́то ча́су, але́ все ж таки́ літа́к по́ки що – найшви́дший тра́нспорт. Мені́ та́ко́ж подо́бається сам проце́с польо́ту, зліт та поса́дка. Ду́же ціка́во диви́тися на зе́млю з ілюміна́тора.

атмосфера	atmosphere
звісно	of course
реєстрація на рейс	check-in
паспортний контроль	passport control
митний контроль	customs control
забирати	to take away
поки що	yet
політ	a flight
зліт	takeoff
посадка	landing
ілюмінатор	airplane window

10.3 Перш ніж ви́рушити в по́дорож, тре́ба га́рно все спланува́ти. Ва́рто заздалегі́дь придба́ти квитки́, заброньова́ти житло́ та подба́ти про меди́чну страхо́вку. Зупини́тися мо́жна не лише́ в готе́лі, а й про́сто зня́ти кварти́ру чи кімна́ту. Та́ко́ж мо́жна почита́ти ві́дгуки про місце́ві рестора́ни, розва́ги та ціка́ві місця́, дізна́тися якнайбі́льше про культу́ру та тради́ції краї́ни, в яку ви плану́єте пої́хати.

перш ніж	before
вирушити в подорож	to take a trip
планувати	to plan
варто	worth
заздалегідь	in advance
придбати	to buy
подбати про	to take care of
зупинитися	to stay
зняти квартиру	to rent an apartment
відгук	feedback
місцевий ресторан	local restaurant
розвага	entertainment
дізнаватися/дізнатися	to learn, to know
якнайбільше	as much as possible
культура	culture
традиції	traditions

10.4 На час моє́ї по́дорожі до Украї́ни я заброньова́ла двомі́сний но́мер люкс в готе́лі. Я обра́ла цей готе́ль, бо мені́ сподо́балися фотогра́фії номері́в та ві́дгуки на са́йті. Та́кож для ме́не важли́во, що тут є безкошто́вна парко́вка, вай фай, ка́мера зберіга́ння багажу́, банкома́т, сейф та цілодобо́ва сті́йка реєстра́ції госте́й. Готе́ль знахо́диться в це́нтрі мі́ста, а в рестора́ні готе́лю – смачні́ сніда́нки. Ціна́ не низька́, але́ я гото́ва плати́ти за га́рний се́рвіс.

на час подорожі	for the duration of the trip
двомісний номер	double room
одномісний номер	single room
безкоштовна парковка	free parking
вай фай	Wi-Fi
камера зберігання багажу	luggage storage
цілодобова стійка реєстрації гостей	24 hours reception
низька ціна	low price
висока ціна	high price
платити	to pay
гарний сервіс	good service
я забронювала/ забронював	I booked (f/m)
я обрала/ обрав	I have chosen (f/m)
я готова/ готовий	I'm ready (f/m)

10.5 За́втра в ме́не прями́й рейс до Ки́єва. З аеропо́рту
"Бори́спіль" я пої́ду авто́бусом або́ на таксі́ до свого́
готе́лю. Я зали́шу там свої́ ре́чі та піду́ огляда́ти мі́сто. На
насту́пний день в ме́не ділова́ зу́стріч в одно́му з
ки́ївських рестора́нів, а вве́чері я пої́ду на вокза́л – у ме́не
по́тяг до Льво́ва. Два дні я проведу́ у Льво́ві. Додо́му я
леті́тиму з двома́ переса́дками.

на таксі	by taxi
залишати	to leave
оглядати місто	to see the town
ділова зустріч	business meeting
пересадка	connecting flight

10.6 Мені́ тре́ба купи́ти квитки́ з Ки́єва до Полта́ви. Тож я відкрива́ю сайт "Укрзалізни́ці", обира́ю да́ту і час по́дорожі та місця́. Квитки́ зарезерво́вано. Тепе́р я опла́чую їх за допомо́гою моє́ї ка́ртки та роздруко́вую їх на своє́му при́нтері. Все, квитки́ у ме́не в кише́ні. Залиши́лося зібра́ти валі́зи та заброоювати но́мер в готе́лі.

мені треба	I need
"Укрзалізниця"	Ukrainian Railways
обирати/ обрати	to choose
дата	date
час	time
місця	place
картка	card
роздруковувати	to print
принтер	a printer
кишеня	pocket

10.7 Придба́ти гото́вий тур в тури́сти́чному аге́нстві – шви́дше, ніж організува́ти по́дорож само́му. Але́ мені́ бі́льше подо́бається само́му шука́ти га́рні пропози́ції авіакомпа́ній, бронюва́ти житло́ та подава́ти докуме́нти на ві́зу. Це дозволя́є заоща́дити та максима́льно влу́чно підібра́ти всі складники́ по́дорожі. Але́ коли́ я про́сто хо́чу полежа́ти на пля́жі та попла́вати в мо́рі, я купу́ю тур у тури́сти́чній фі́рмі.

придбати, купити	to buy
готовий	prepared, ready
туристичне агенство	travel agency
організовувати/ організувати	to organize
подорож	a travel
пропозиція	an offer
подавати документи на візу	to apply for a visa
це дозволяє	it allows
влучно	precisely
підбирати/підібрати	to select, to pick up
складники	ingredients
лежати на пляжі	to lie on the beach
плавати в морі	to swim in the sea

10.8 Для то́го, щоб по́дорож була́ максима́льно комфо́ртною, тре́ба до́бре зібра́ти валі́зу. Я за́вжди́ намага́юся не бра́ти з собо́ю зана́дто бага́то рече́й. Я беру́ лише́ найнеобхі́дніше. В мій мале́нький рюкза́к я склада́ю докуме́нти, гро́ші, телефо́н, заря́дний при́стрій, во́ду, лі́ки та воло́гі серве́тки. Я люблю́, щоб ці ре́чі за́вжди́ були́ в ме́не під руко́ю. У валі́зу я склада́ю о́дяг та космети́ку. Я ніко́ли не кладу́ ці́нні ре́чі у валі́зу, яку́ здава́тиму в бага́ж.

збирати/зібрати валізу	to pack a suitcase
намагатися	to try
занадто	too
найнеобхідніше	the most necessary
рюкзак	backpack
зарядний пристрій	charger
ліки	medicines
вологі серветки	wet wipes
під рукою	on hand
цінні речі	valuables
здавати в багаж	to check-in luggage

10.9 Мину́лого лі́та ми з дру́зями мандрува́ли Украї́ною на автобусі. На́ша по́дорож почала́ся на автовокза́лі. Ї́хати всю доро́гу си́дячи не ду́же комфо́ртно, але́ ми відпочива́ли під час зупи́нок. Ми ї́хали в яке́сь мі́сто, прово́дили там кі́лька днів, а по́тім бра́ли квитки́ на автобус та ї́хали у насту́пне. Зупиня́лися ми в на́ших дру́зів або знайо́мих. В   будь-яко́му випа́дку, ця по́дорож була́ ду́же ціка́вою та бюдже́тною.

минулого літа	last summer
починатися/ початися	to begin
сидячи	sitting
під час	during
наступний	next
зупинятися/ зупинитися	to stay
в будь-якому випадку	in any case
бюджетна подорож	a low-cost travel

10.10 Подорожува́ти – моє́ улю́блене заня́ття. Я не уявля́ю
свого́ життя́ без вокза́лів, по́тягів, авто́бусів та аеропо́ртів.
Коли́ я подорожу́ю, я знайо́млюся з багатьма́ людьми́ в
рі́зних краї́нах. Ко́жна по́дорож тро́хи змі́нює мене́ та моє́
уя́влення про світ. Я щасли́ва, що моя́ профе́сія дозволя́є
мені́ працюва́ти в будь-яко́му куто́чку сві́ту, де є інтерне́т.
За́раз я вдо́ма, але́ я вже плану́ю свою́ насту́пну по́дорож.

уявляти/ уявити	to imagine
знайомитися	to get to know
змінювати/ змінити	to change
уявлення про світ	a view of the world
дозволяти	to allow
будь-який	any
куточок	corner
планувати	to plan
наступний	next

Answer the questions:

1. Тобі подо́бається подорожува́ти?
2. Яки́й твій улю́блений вид тра́нспорту?
3. В яки́х краї́нах ти був/ була́?
4. Де ти купу́єш квитки́ на літа́к?
5. Тобі подо́бається подорожува́ти пі́шки?
6. З ким ти подорожу́єш?
7. Як ти плану́єш по́дорож?
8. Ти чита́єш ві́дгуки в Інтерне́ті?
9. Де ти зазвича́й зупиня́єшся під час по́дорожі?
10. Що ти за́вжди бере́ш із собо́ю у по́дорож?

Audio for these and other questions from this book:
www.ukrainianpro.com/workbook-audio

Exercises

1. Insert the correct form of the verb "подорожувати" in the Present Tense:

подорожува́ти (Present Tense)

я подорожу́ю	ми подорожу́ємо
ти подорожу́єш	ви подорожу́єте
він/вона подорожу́є	вони подорожу́ють

1) Його́ батьки́ ___________ маши́ною.
2) Я рі́дко ________ літако́м.
3) Ми ________ вдвох.
4) Коли́ Анто́н __________, він за́вжди́ весе́лий.
5) Ви вже до́вго ___________.
6) Як ти ___________ : маши́ною чи по́тягом?

2. Оля подорожує. (Olia is traveling.) Що вона робить спочатку? (What is she doing first?) Put the sentences in the right order:

- Я броню́ю готе́ль.
- Я обира́ю мі́сто.
- Я ї́ду в аеропо́рт.
- Я йду́ диви́тися мі́сто!
- Я купу́ю квитки́ на літа́к.
- Я реєстру́юся на рейс онла́йн.
- Я залиша́ю ре́чі в готе́лі.
- Я лечу́ в літаку́!
- Я замовля́ю таксі́ з аеропо́рту в готе́ль.
- Я чита́ю ві́дгуки в Інтерне́ті.

3. Write the verbs in the brackets in the present tense:

1) Я (купува́ти) квитки́ на по́тяг онла́йн.
2) Ми (люби́ти) подорожува́ти по Украї́ні.
3) Він до́вго (планува́ти) свою́ по́дорож до Півде́нної Аме́рики.
4) Вона́ (бронюва́ти) житло́ заздалегі́дь.
5) Сайт цього́ готе́лю не (працюва́ти).
6) Вони́ за́раз (збира́ти) валі́зи.
7) Ти (сні́дати) в готе́лі?
8) У відпу́стці я (лежа́ти) на пля́жі та (пла́вати) в мо́рі.
9) Мої дру́зі ча́сто (мандрува́ти).
10) Де (знахо́дитися) ваш готе́ль?

ANSWERS

РОЗДІЛ 1/ PART 1

1. 1) моє місто 2) моя родина 3) мій батько 4) моя сестра 5) моя кішка 6) мій пес 7) моя мати 8) моє ім'я 9) мій друг 10) моя подруга

2. 1) живеш, живу 2) живе 3) живемо 4) живуть 5) живете 6) любите 7) люблю 8) любиш 9) любить 10) любимо

3. 1) г) 2) а) в) 3) ґ) 4) б) 5) all the variants are possible

РОЗДІЛ 2 / PART 2

1. 1) моя книга 2) його гаманець 3) твої гроші 4) її зошит 5) ваш комп'ютер 6) їхні документи 7) мій рюкзак 8) наш ноутбук 9) моя сумка 10) ваша ручка

2. 1) цікава книга 2) зелена чашка 3) важкий рюкзак 4) великі словники 5) жовтий гаманець 6) улюблене фото 7) дитяча газета 8) білий олівець

3. 1) Він лежить у кишені. 2) Вони лежать у валізі. 3) Він купує продукти у супермаркеті. 4) Стаття у газеті. 5) Вони лежать в рюкзаку.

РОЗДІЛ 3/ PART 3

1. 1) Я часто танцюю. 2) На вихідних він читає книги. 3) Вона добре грає на гітарі. 4) Ми щодня бігаємо у парку. 5) Мені подобається кататися на велосипеді. 6) Я зараз розмовляю з другом. 7) У неділю вони ходять в кіно.

8) Я знаю українську мову. 9) Що ти робиш завтра?
10) Ви часто слухаєте музику?

РОЗДІЛ 4/ PART 4

1. 1) д) 2) ґ 3) а) 4) є) 5) б) 6) е) 7) в) 8) г)
2. 1) зручне крісло 2) старий будинок 3) затишна квартира
4) декоративна подушка 5) спокійне місце

3.

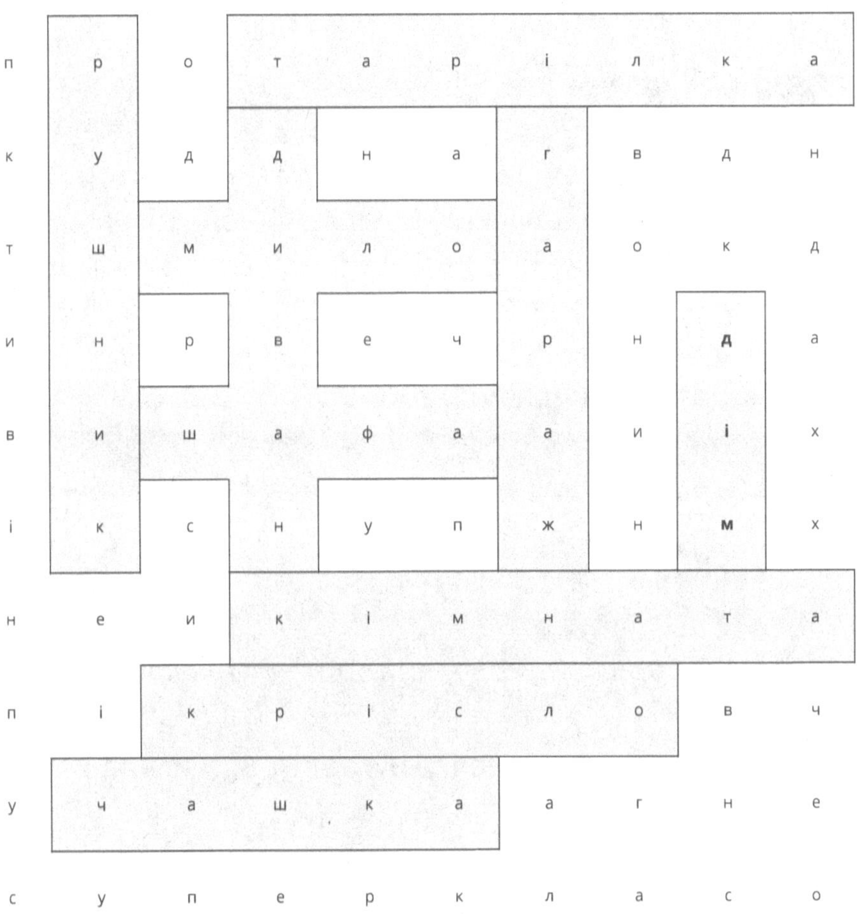

РОЗДІЛ 5/ PART 5

1. 1) Який це фільм? 2) Який це аеропорт? 3) Яка це галерея? 4) Який це парк? 5) Які це листівки? 6) Який це музей? 7) Який це будинок? 8) Яке це місто? 9) Яка це вулиця? 10) Яка це кав'ярня?

2. 1) ми дивимось 2) ти дивишся 3) я дивлюсь 4) він дивиться 5) туристи (вони) дивляться

3. 1) е) 2) г) 3) з) 4) б) 5) є) 6) в) 7) д) 8) ж) 9) а) 10) ґ)

РОЗДІЛ 6/ PART 6

1. 1) Вони завжди снідають вдома. 2) На сніданок я п'ю чай. 3) Діти їдять в шкільній їдальні. 4) Вона пізно вечеряє. 5) Мій друг обідає на роботі. 6) Що Ви замовляєте в ресторані? 7) Що ти п'єш ввечері: чай чи каву? 8) Її мама дуже смачно готує. 9) Сьогодні я обідаю з друзями.
10) Ми завжди вечеряємо разом.

2.

солóне	солóдке	кúсле
солóний борщ	солодкий торт	кислий лимон
солоні макарони	солодка цукерка	кислий кефір
солона котлета	солодкий шоколад	
солоний суп		

3. 1) чай з бутербродом 2) бутерброд з сиром
3) м'ясо з салатом 4) вареники з картоплею
5) борщ зі сметаною 6) кава з цукром
7) суп з морквою 8) салат з помідорами
9) тістечко з шоколадом 10) торт з горіхами

РОЗДІЛ 7/ PART 7

1. 1) б) 2) в) 3) а) 4) д) 5) ґ) 6) г)

2. 1) комфортний 2) березень 3) сукні 4) майка 5) окуляри
6) шапка

3. 1) Я купую одяг в магазині.
2) Він хоче приміряти цю футболку.
3) Влітку я ношу шорти та сандалі.
4) Він одягає діловий костюм на роботу.
5) Моя подруга любить купувати одяг в Інтернеті.

4. 1) теплий день 2) гарна погода 3) весняний дощ
4) веселий настрій 5) спекотна країна 6) натуральні
тканини 7) коричневі джинси 8) теплі штани
9) фіолетова спідниця 10) зручний одяг

РОЗДІЛ 8/ PART 8

1. 1) прокидається 2) робить 3) снідаємо 4) вечеряють 5)
працює, обідає 6) приймаю 7) готує 8) працюємо,
відпочиваємо 9) вечеряєте 10) читають

2. 1) в 2) а 3) ґ 4) б 5) г

1. 1) гарну спокійну дівчину 2) високого сумного хлопця
3) старого дідуся 4) моїх старих друзів
5) високу огрядну жінку 6) молоду привабливу дівчину
7) добру енергійну бабусю
8) маленького веселого хлопчика
9) щасливих дітей 10) сірих великих слонів

2. 1) Діма 2) Ніна 3) Таня 4) Остап 5) Павло 6) Ірина

РОЗДІЛ 10/ PART 10

1.
1) Його батьки подорожують машиною.
2) Я рідко подорожую літаком.
3) Ми подорожуємо вдвох.
4) Коли Антон подорожує, він завжди веселий.
5) Ви вже довго подорожуєте.
6) Як ти подорожуєш: машиною чи потягом?

2.
1) Я обираю місто.
2) Я читаю відгуки в Інтернеті.
3) Я купую квитки на літак.
4) Я бронюю готель.
5) Я реєструюся на рейс онлайн.
6) Я їду в аеропорт.
7) Я лечу в літаку!
8) Я замовляю таксі з аеропорту в готель.
9) Я залишаю речі в готелі.
10) Я йду дивитися місто!

3. 1) Я купую квитки на потяг онлайн. 2) Ми любимо подорожувати по Україні. 3) Він довго планує свою подорож до Південної Америки. 4) Вона бронює житло заздалегідь. 5) Сайт цього готелю не працює. 6) Вони зараз збирають валізи. 7) Ти снідаєш в готелі? 8) У відпустці я лежу на пляжі та плаваю в морі. 9) Мої друзі часто мандрують. 10) Де знаходиться ваш готель?

MORE RESOURCES

Congratulations, you've mastered the first level! If you've enjoyed this book, the next step is the **"Ukrainian Language Reader with Vocabulary and Audio"**.

If it's difficult for you to read in Ukrainian, and you'd like to receive some extra introduction before starting reading "100 Easy Ukrainian Texts", check out this short but powerful guide: **"Beginner's First Steps in Ukrainian"**.

"A New Home for Leo" is a bilingual children's story in Ukrainian and English, ideal for bilingual families, and people who learn Ukrainian as a second language.

Check out my website for more learning resources:
www.ukrainianpro.com